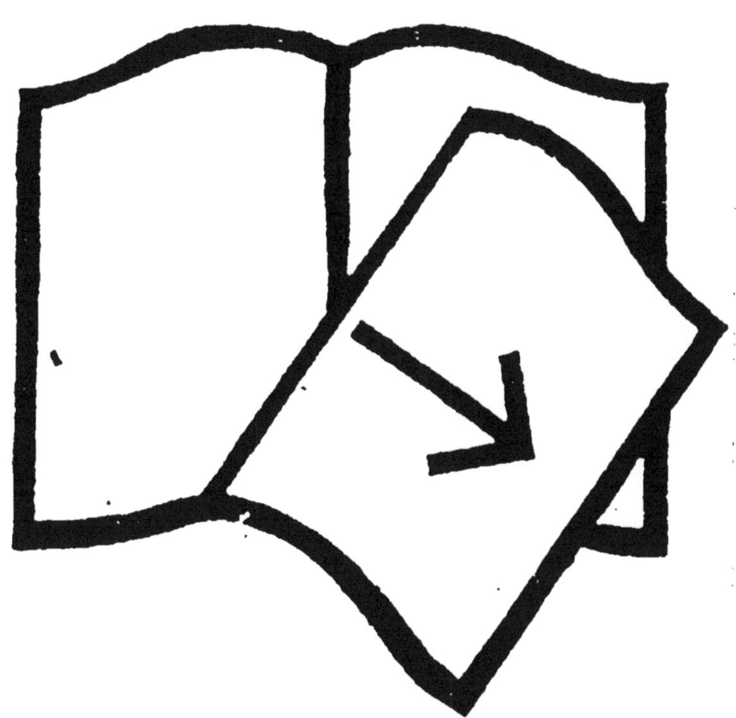

Couverture inférieure manquante

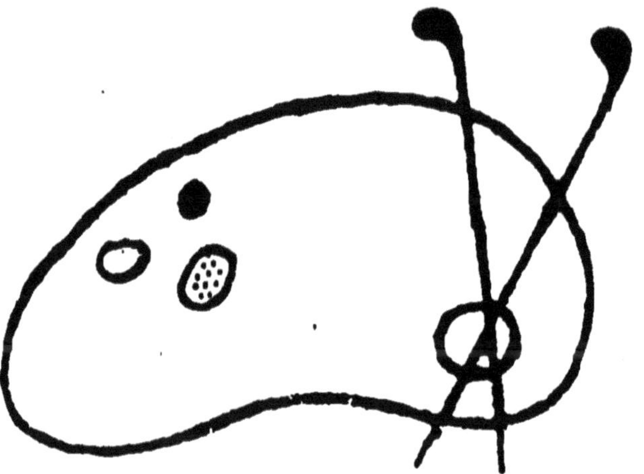

Début d'une série de documents
en couleur

DOCTEUR LEYDS

DIX MOIS DE CAMPAGNE

CHEZ

LES BOËRS

PAR UN ANCIEN LIEUTENANT

DU

COLONEL DE VILLEBOIS-MAREUIL

PARIS

CALMANN-LÉVY

3, RUE AUBER, 3

1901

DIX MOIS DE CAMPAGNE

CHEZ LES BOËRS

Coulommiers. — Imp. Paul BRODARD. — 1212-9-1900.

LE COLONEL DE VILLEBOIS-MAREUIL.

DIX MOIS DE CAMPAGNE

CHEZ LES BOËRS

PAR UN ANCIEN LIEUTENANT

DU

COLONEL DE VILLEBOIS-MAREUIL

PARIS
CALMANN LÉVY, ÉDITEUR
3, RUE AUBER, 3

AU

GÉNÉRAL DE VILLEBOIS-MAREUIL

A VOUS, MON GÉNÉRAL
QUI DE LA-HAUT, DU PARADIS DES BRAVES,
POUVEZ LIRE EN MON CŒUR
LES SENTIMENTS DE RESPECTUEUSE AFFECTION
QUI ME GUIDENT,
JE DÉDIE CES LIGNES
EN TÉMOIGNAGE DE LA TRÈS PROFONDE ADMIRATION
DE VOTRE ANCIEN LIEUTENANT

Transvaal, 1899-1900.

DIX MOIS DE CAMPAGNE

CHEZ LES BOËRS

I

— Monsieur, il n'y a pas de place.

Nous avons été reçus par cette phrase à tous les compartiments où nous nous sommes présentés, mon camarade de C*** et moi.

En effet, le rapide de Marseille de huit heures vingt-cinq était bondé ce soir-là, 23 décembre; et dès huit heures, il ne restait plus une place.

Finalement, après avoir écrasé nombre d'orteils, échangé nombre de coups de coude, nous sommes parvenus à nous caser, tant bien que mal — plutôt mal que bien — l'un en tête du train, l'autre près du fourgon à bagages.

Une dernière poignée de main aux camarades qui nous ont accompagnés jusqu'à la gare, puis l'on part.

Dans le lointain, les lumières de Paris s'éteignent; dans le wagon, les conversations se taisent, et le roulement monotone berce les voyageurs qui s'assoupissent, dodelinant de la tête sous la lampe falote...

— Laroche! Cinq minutes d'arrêt!

On saute sur le quai; je retrouve le bon C***.

— Comment es-tu?

— Mal! Et toi?

— Très mal!

Et mélancoliquement nous regagnons nos compartiments respectifs.

Enfin, l'habitude des installations peu confortables dans notre vie mouvementée prend le dessus, et nous nous endormons profondément jusqu'à Arles, où nous pouvons trouver deux places voisines.

A Marseille nous sommes accueillis d'une façon charmante par un aimable cousin à moi, et une exquise cousine.

Le 24 se passe en compagnie de quelques camarades, officiers des garnisons avoisinantes, et le 25, nous sommes, avec nos bagages, à bord du *Natal*, des Messageries maritimes.

Je fais une mention spéciale de nos bagages qui, pour la campagne que nous allons entreprendre, se composent de deux petites cantines. Elles pèsent ensemble 38 kilos exactement, soit environ 19 kilos chacune, et contiennent toutes nos affaires, dont nos deux revolvers et deux cents cartouches : nous ne sommes pas encombrés !...

Le *Natal* est un ancien « beau » bateau assez grand.

Nous allons d'abord prendre possession de notre cabine, qui donne sur la salle à manger. Puis nous remontons sur le pont, où nous sommes présentés au colonel Gourko, qui part également pour le Transvaal, en qualité d'attaché militaire de la Russie.

Nous l'avions rencontré la veille, à la gare, arrivant par le même train que nous; mais la facilité avec laquelle il s'exprime en français et aussi sa rosette d'officier de la Légion d'honneur que, par courtoisie, il porte toujours en France, nous l'avaient fait prendre pour quelque fonctionnaire important se rendant à Madagascar...

Qu'il nous le pardonne !

Mais les minutes passent : poignées de main, effusions, souhaits, toute l'antienne des départs, et les passerelles sont retirées, les amarres « larguées ». Nous sortons du port...

Sur le quai, sur la jetée, les mouchoirs qui s'agitent décroissent petit à petit, les maisons s'aplatissent... puis à son tour, Notre-Dame de la Garde diminue... devient toute petite... rien qu'un point à l'horizon... Elle a disparu. Nous voici en pleine mer...

Je ne sais pas vibrer avec des paroles émues devant « l'immensité bleue », car, si j'ai beaucoup de qualités — ce dont vous ne doutez pas, lecteur, vous surtout qui ne me connaissez pas — je ne suis pas poète. La cloche du dîner nous trouve prosaïquement, C*** et moi, en train de disputer avec acharnement cent cinquante points de piquet.

La salle à manger est grande, mais il y a très peu de monde : jetons-y un coup d'œil.

Le commandant du bord qui, en principe, doit présider nos repas, est souffrant, il ne vient pas. Il ne paraîtra du reste guère durant la traversée.

Le colonel Gourko, le capitaine Ram et le

lieutenant Thomson, attachés militaires hollandais, le capitaine D***, de l'infanterie de marine, accompagné de sa charmante jeune femme et de leur fils Guy, — qui est vite pour nous un vieil ami, — un ingénieur, un docteur de la marine, une jeune dame qui va établir un magasin de modes à Tananarive, un journaliste anglais et Henry de Charette qui vient comme volontaire au Transvaal, où sa santé, du reste, l'empêchera de jamais jouer un rôle bien actif. Et c'est à peu près tout.

Sur le bateau encore, nous trouverons : MM. de Bréda, ancien officier de cavalerie, Pimpin, Michel, artilleur émérite, et quelques autres que l'avenir nous donnera comme charmants camarades.

Comme nous partons une quinzaine au moins pour Lourenço-Marquès, et que l'on craint la visite de quelque croiseur anglais coutumier du fait, nous avons tous pris des étiquettes extraordinaires : l'un est commis voyageur en vins ou en pharmacie ; l'autre marchand d'appareils divers ; j'ai vu un marchand d'oiseaux, un fabricant de stores et un placier en bitumes !

Modestement, de C*** et moi nous cherchons de la clientèle pour le « calaya », fébrifuge extraordinaire, guérissant tout, la fièvre, la dysenterie, les maux de tête, de dents, etc. Et je n'ai pas de remise!

Nous avons un temps splendide; mais notre bateau n'est qu'un bien faible marcheur et rarement atteignons-nous 300 milles dans les vingt-quatre heures.

Nous atteignons Port-Saïd le 31 décembre. A l'occasion du 1er janvier, une fête avec loterie est improvisée à bord; et, grâce au très aimable concours de madame D***, réussit parfaitement.

Le produit, près d'un millier de francs, a été versé à la caisse des veuves et orphelins des Messageries maritimes.

Les lots, offerts par les passagers, sont des plus extraordinaires : et comme nous filons vers les pays chauds, il y a bien une vingtaine de parapluies!

Le hasard, un peu encouragé, je crois, et innocemment taquin, en fait gagner bon nombre au colonel Gourko, qui se prête de très bonne grâce à cette petite plaisanterie, et rit de tout cœur.

Bréda s'est chargé avec une charmante jeune fille de la tenue du buffet... Il pontifie!

Notre table, depuis Port-Saïd, se trouve augmentée d'une ambulance russe allant au Transvaal.

Ces ambulanciers demeurent très à part, mais se réunissent entre eux le soir, sur le gaillard d'arrière, pour la prière qu'ils chantent en commun. La musique sacrée, par elle-même imposante, emprunte à ce cadre pittoresque de la mer Rouge — un décor de la *Marche à l'Étoile* — un caractère d'une grandeur vraiment pénétrante.

A Aden, nous faisons à terre un déjeuner détestable, mais arrosé de chianti et de barolo excellents; puis nous allons visiter les fameuses citernes, dans lesquelles il n'y a presque jamais d'eau.

Nous prenons aussi un nouveau passager: le capitaine B***, du Royal Field Artillery, qui va rejoindre Durban, pour faire la guerre aussi.

Cette prochaine hostilité n'empêche pas nos rapports, durant la traversée, d'être des plus cordiaux.

Le capitaine porte la médaille du Soudan, ce qui rapproche encore nos sympathies.

Il nous raconte ses fort intéressantes campagnes aux Indes et en Egypte : il assistait à Omdurman, la « grande bataille » comme il l'appelle.

Depuis le départ, on nous parle avec terreur du cap Gardafui : il paraît que, là, on sombre toujours...

Nous y avons une véritable mer d'huile... Je crois que les vieux navigateurs en ont été très vexés !

Maintenant nous filons droit sur Madagascar ; Nous voici pour huit jours entre le ciel et l'eau ; profitons-en pour jeter un coup d'œil en arrière, sur les causes principales de la guerre à laquelle nous allons prendre part.

Il est inutile, je crois, d'insister sur les origines des Boërs [1]. Colons envoyés vers 1652 par la compagnie hollandaise des Indes Orientales, ils débarquèrent au cap de Bonne-Espérance — découvert deux siècles auparavant (1486) — et s'y établirent, s'adonnant à la culture et à l'élevage.

Lors de la révocation de l'Edit de Nantes,

1. Boër signifie « paysan » — Burgher équivaut « à citoyen ».

trois cents huguenots français vinrent les joindre ce qui porta le nombre des colons à un millier environ. La fusion des deux races fut rapide et la langue française disparut complètement. Nombre de noms français eux-mêmes furent défigurés — *Kronje* n'est autre que *Crosnier*; — cependant beaucoup demeurèrent intacts : Villiers, Marais, Joubert, du Toit... et tous très fiers de leur origine française.

Mais l'Angleterre, désireuse d'accaparer la colonie qui s'annonçait florissante, envoie nombre d'immigrants, qui, appuyés constamment, s'imposent au bout de peu de temps.

Depuis 1815, époque à laquelle le Cap Colony est reconnu possession britannique par le traité de Vienne, la politique anglaise est hostile aux Boërs, qui avaient, du reste, mal accueilli les nouveaux arrivants.

Vers 1835, devant les vexations dont ils sont victimes, les Boërs commencent leur exode vers le Nord, le « Grand Treck » comme ils l'appellent encore, et fondent l'Orange Free State, reconnu en 1869 par l'Europe et le Transvaal.

Ils ne jouissent du reste pas longtemps de ce pays nouvellement conquis sur les Cafres. Dès 1871, un gisement diamantifère est découvert dans la république d'Orange; les Anglais le confisquent aussitôt sous prétexte qu'il appartient à un chef indigène leur protégé.

En 1877, les Zoulous s'étant soulevés contre les Boërs, l'Angleterre intervient, et sous prétexte de pacifier le pays, envoie des troupes jusqu'à Prétoria et annexe simplement le Transvaal au royaume.

Mais en 1880, les Burghers se révoltent; et, sous le commandement du général Joubert, infligent aux Anglais (27 février 1881) une défaite sanglante à Majuba Hill, sur la frontière du Natal.

Le traité du 3 août 1881 reconnaît l'indépendance du Transvaal sous la suzeraineté de la reine. Puis, le 27 février 1884, un autre traité, signé à Londres, reconnaît l'indépendance absolue de cet État.

Le 2 janvier 1896, le Jameson's Raid, présent encore à toutes les mémoires, est arrêté à Krügersdorp.

Voulant donner satisfaction aux réclamations

des Uitlanders, le président abaisse le temps nécessaire à l'obtention des droits électoraux, de quatorze à neuf ans. Enfin, en 1899, l'Angleterre s'instituant le champion des étrangers, demande par l'organe de Sir Alfred Milner, gouverneur du Cap, que ce laps de temps soit réduit à cinq ans.

Cette mesure permettrait la rapide intrusion des colons dans la direction des affaires et l'éloignement progressif des Burghers.

Ce serait la ruine de l'autonomie boër : le Président refuse. « Les sujets de S. M. Britannique, dit-il, m'ont demandé mon pantalon, je le leur ai donné, ainsi que mon habit; mais ils sont arrivés à me demander la vie, et il est impossible de leur accorder cela. »

Toutes ces demandes ne sont d'ailleurs qu'un prétexte, destiné à masquer aux yeux des puissances européennes le véritable but de l'Angleterre. Mais il apparaît aux moins clairvoyants. D'une part les mines d'or sont là, les spéculateurs les réclament. De l'autre, Cecil Rhodes l'a déclaré : « L'Afrique doit être anglaise du Cap au Caire. »

Cette guerre était donc prévue depuis longtemps et le gouvernement du Transvaal s'y préparait en silence.

Sous le couvert d'une expédition en Swaziland qui n'a été qu'une promenade de quelques centaines de Burghers n'ayant, en dehors de la chasse, jamais tiré un coup de fusil, des armements considérables avaient été faits dès 1895.

La maison Krupp envoie des canons de campagne de 12 et 15 livres (poids du projectile).

Des Maxim-Nordenfeld sont achetés. Ces canons à répétition lancent des projectiles percutants à 3 000 mètres environ, leur calibre est de 35 millimètres.

Les Anglais redoutaient beaucoup les effets de ces petits engins, qu'ils ont appelés « pompoms », par imitation de la très rapide succession de leur tir.

La même maison fournit les Maxims de petit calibre tirant la cartouche Lee Metford; les cartouches sont fixées sur des bandes de toile qui, en se déroulant automatiquement, viennent présenter, dès le coup tiré, une nouvelle cartouche au percuteur.

Enfin, les fonderies du Creusot sont chargées de fournir les canons perfectionnés :

Quatre 155 longs, d'une portée de 10 000 mètres environ, que les Boërs appelleront « Long Toms », et deux batteries de canons de campagne de 75 millimètres.

Ces canons, modèle 95, réunissent les derniers perfectionnements.

Ils sont à tir rapide et les freins, situés de chaque côté de la pièce, supportent l'effort du recul, prenant l'affût comme point d'appui et les tourillons comme points de contact avec la pièce.

Leur portée est de 7000 mètres environ.

Ils se chargent au moyen de cartouches, l'obus et la charge contenus dans une douille de laiton ne faisant qu'un. Bien servis, ils peuvent tirer de quinze à dix-huit coups à la minute.

Nous sommes loin de la pièce construite en 1881, au Transvaal même, avec des essieux de chariot, reliés, soudés, rivés ensemble[1].

Une grande quantité de fusils et carabines

1. Cette pièce est conservée au Musée de Prétoria, à côté d'une mitrailleuse marquée « Meudon », et donnée par l'empereur Guillaume au Président.

Mauser, de fusils, mousquetons et carabines Martini-Henry, et de Steyr modèle 1887, largement approvisionnés, sont également achetés par le gouvernement boër.

L'arme la plus en faveur est le fusil Mauser, du modèle 1891, calibre 7mm,5. Sa hausse est graduée jusqu'à 2 000 mètres.

Il est à chargeur, chaque chargeur contenant cinq cartouches. La culasse mobile, à levier droit, est munie d'un verrou de sûreté.

La carabine de cavalerie, également très appréciée, en est un modèle réduit, au mécanisme identique, à chargeur de cinq cartouches également; mais la culasse mobile est à levier coudé. La hausse est graduée à 1400 mètres.

Ces deux armes sont d'une grande précision; mais, je me suis laissé dire, depuis mon retour, que le manchon de bois qui recouvre le canon depuis la chambre jusqu'à la grenadière, avait l'inconvénient d'occasionner un échauffement et un refroidissement inégaux du canon, entre la partie couverte et la partie laissée à air libre, ce qui amenait parfois des éclatements ou des déformations.

Je n'en ai jamais vu d'exemple.

Les fusils, carabines et mousquetons Martini-Henry sont quelquefois préférés par les vieux Burghers.

Ils sont d'un modèle déjà arriéré, et leur portée, peu considérable, n'est que de 800 mètres pour les carabines et mousquetons. Leur calibre est de 11 millimètres et les balles de plomb ne sont recouvertes d'aucune enveloppe de métal dur.

Aux yeux de certains, elles présentent l'avantage, aux courtes distances, d' « assommer » plus sûrement et rapidement leur homme, que les balles de petit calibre.

Puis, les événements se précipitent. Le 26 septembre 1899, de Blœmfontein, le Wolksraad publie la proclamation suivante :

« Considérant que la tension de l'état de choses créé dans toute l'Afrique du Sud entre le gouvernement impérial et le Transvaal menace de conduire à une guerre dont les conséquences désastreuses atteindraient tous les habitants de race blanche ;

» Étant unis au Transvaal par les liens les plus étroits du sang et de la fédération, et entretenant les relations les plus amicales avec le gouvernement impérial;

» Craignant que si la guerre éclate elle ne crée entre les races européennes une haine qui arrête ou retarde le développement pacifique de tous les États ou colonies de l'Afrique du Sud, et ne détruise pour l'avenir toute confiance entre eux;

» Ayant le sentiment qu'il a le devoir solennel de faire tout son possible pour éviter l'effusion du sang;

» Considérant que le gouvernement du Transvaal, dans ses négociations avec le gouvernement impérial (négociations qui ont duré pendant plusieurs mois), s'est efforcé de son mieux d'aboutir à une solution pacifique des difficultés soulevées par les étrangers dans le Transvaal, et prises en main par le gouvernement impérial qui en a fait sa propre cause, ces efforts ayant eu malheureusement ce seul résultat que les troupes anglaises ont été concentrées sur la frontière du Transvaal et qu'elles ont été renforcées;

» Décide :

» Que le gouvernement doit encore user de

tous les moyens de maintenir et d'assurer la paix, et de travailler d'une manière pacifique à obtenir la solution des difficultés existantes, à condition que cela soit fait sans porter atteinte à l'honneur et à l'indépendance de l'État libre d'Orange et du Transvaal; et qu'il désire faire connaître d'une manière très claire son opinion, qu'il n'existe pas de cause pour une guerre, et qu'une guerre contre le Transvaal, si elle était entreprise ou occasionnée par le gouvernement impérial, sera moralement une guerre contre toute la population blanche de l'Afrique du Sud;

» Que cette guerre serait criminelle dans ses conséquences, et que, quoi qu'il doive arriver, l'État libre d'Orange remplira honnêtement et fidèlement envers le Transvaal les obligations qui lui incombent par l'effet de l'alliance politique existante entre les deux Républiques. »

Le 29, Chamberlain, plus agressif que jamais, émet des conditions impossibles :

« 1. Le gouvernement britannique exige que le droit de vote soit accordé à tout uitlander après cinq ans de résidence, sans formalité qui puisse être de nature à entraver ce droit.

» 2. Séparation complète et absolue du pouvoir exécutif et du pouvoir judiciaire au Transvaal.

» 3. Abolition du monopole de la dynamite.

» 4. Démantèlement du fort de Johannesburg.

» 5. Régime municipal particulier à accorder à Johannesburg.

» 6. Admission officielle de la langue anglaise sur le même pied que la langue hollandaise. »

Dès les premiers jours d'octobre, la situation devient de plus en plus grave.

Quelques tentatives de conciliation sont encore faites.

Le 5 octobre, le président Steijn demande l'arrêt dans l'envoi des troupes qui commencent à se masser aux frontières. Mais, le 6, sir Milner répond qu'il ne peut prendre cet engagement.

M. Steijn écrit alors au gouverneur du Cap

« qu'il serait douteux que les négociations aboutissent, parce que le Transvaal refuserait d'accepter les conditions du gouvernement de Sa Majesté, quelles qu'elles soient, si les troupes continuaient à arriver de tous côtés pendant qu'on négocie ».

Enfin, le 10 octobre, l'ultimatum est remis à M. Conyngham-Green.

Le Pouvoir exécutif du Transvaal avait exigé une réponse dans les vingt-quatre heures, mais les délégués de l'État-Libre firent porter ce délai à quarante-huit heures.

La guerre est déclarée le 11 octobre.

Les commandos boërs se groupent sur deux théâtres principaux : l'Orange Free State et le Natal. Dans l'Orange, du Toit et Kolby ont assiégé Kimberley le 14. Kronje est au sud-ouest de l'État-Libre contre Methuen. Schœman vers Colesberg, et Olivier en face de Gatacre, au sud d'Aliwals North.

Botha, Schalk Burgher, Lucas Meyer, Prinsloo sous le généralissime Joubert, dans le Natal, marchent sur Ladysmith.

Le 20 octobre, à Glencoë, se livre un combat acharné. Le général Symons, mortellement blessé, perd soixante tués, trois cents blessés et trois cents prisonniers. Les Boërs ont soixante-douze tués.

Le 21, à Elandslaagte, le commando allemand et les Scandinaves, surpris, sont massacrés par les Lancers, malgré une héroïque défense.

Le 23, à Dundee, les généraux Yule et White sont obligés de se replier sur Ladysmith.

Le 30 octobre enfin, sous les murs mêmes de la ville, à Lombard's Kop, le général White, de nouveau battu, perd trois cents tués et blessés, douze cents prisonniers et dix canons.

Le 2 novembre, Ladysmith est investie.

A voir la conduite des Boërs à ce moment, il semblerait que le siège de ces trois villes, Mafeking, Kimberley et Ladysmith, constitue l'unique but de la guerre.

Ils ont en main la partie la plus belle qu'il soit possible de rêver.

Confiants, encouragés par le succès, approvisionnés de toutes choses, plus nombreux qu'ils ne le seront jamais, tandis que les Boërs du Cap, croyant au succès possible de leurs frères du Transvaal, se préparent à les seconder.

Devant eux, environ quarante mille Anglais, la moitié nouvellement débarqués, non acclimatés, non aguerris, et les autres, découragés par de récents revers et dispersés sur un territoire considérable.

Un ordre, un effort de huit jours, et l'armée anglaise est culbutée, anéantie : le Cap Colony et le Natal secouent le joug, s'unissent au Transvaal et à l'Orange Free State, et les États-Unis de l'Afrique du Sud sont une puissance avec laquelle on compte....

Mais non! Rien. Joubert s'hypnotise devant Ladysmith comme du Toit devant Kimberley...

Et tranquillement, sans être inquiétée, l'Angleterre débarquera petit à petit les deux cent mille hommes que lord Kitchener a jugés nécessaires.

Cependant, durant deux mois encore, et sur toute la ligne, l'incapacité des généraux anglais pousse sous le feu des mausers les meilleurs bataillons de la Reine, sans que ceux-ci puissent pour ainsi dire combattre.

Le 10 novembre, à Belmont, lord Methuen est repoussé avec de grandes pertes.

Un mois après, le général Gatacre, à Stormberg, s'aventure sans carte, sans reconnaissances, se confiant à un guide dont il ne vérifie même pas la marche à la boussole!..

Le départ a lieu dans le plus grand désordre, quoique préparé quarante-huit heures à l'avance.

L'ambulance perd contact avec le détachement et opère pour son compte. Le 2e bataillon du « Northumberland fusiliers » perd son caisson de munitions.

La colonne, en ordre compact, arrive à cent yards des tranchées boërs sans être prévenue, et est décimée. Gatacre perd une centaine de tués et sept cents prisonniers.

Le 11 décembre, à Maggersfontein, lord Methuen éprouve un nouvel échec.

A minuit et demi, après vingt-quatre heures de préparations d'artillerie et de bombardement des tranchées boërs, cinq régiments d'Highlanders s'avancent en « line of quarter column[1] ».

La nuit est noire et la pluie torrentielle.

1. Colonne de compagnie.

A trois heures et demie du matin, un peu égarés, les Anglais s'arrêtent; aussitôt un feu terrible part des rochers.... Ils sont à moins de deux cents yards des tranchées occupées par les hommes de Kronje.

Les Black-Watch sont décimés. Le général Wanchope tombe en s'écriant : « Mes pauvres enfants, ce n'est pas moi qui vous ai conduits là! » Le marquis de Winchester est également tué.

Tout se débande, et ce n'est qu'à plusieurs centaines de yards que l'on peut faire coucher les fuyards. « Ce fut, dit un témoin, le plus triste spectacle qui puisse, de nos jours, affliger le cœur d'un soldat anglais. »

Dans le désarroi et l'indécision, lord Methuen ne donne que vers quatre heures de l'après-midi l'ordre de la retraite!

Plus de mille tués jonchent le champ de bataille, et les blessés ne seront secourus que le lendemain.

Dans sa dernière lettre, adressée en Angleterre, le général Wanchope écrivait : « Ceci est ma dernière lettre, car j'ai reçu l'ordre d'accomplir une tâche impossible; j'ai protesté, mais je dois obéir ou rendre mon épée... Les hommes de l'armée de la Modder ne suivront probablement pas lord Methuen dans un autre engagement. »

Enfin, le 15 décembre, la bataille de Colenso :

J'en emprunte le récit à la dépêche du général Buller, du camp de Chieveley.

« J'ai le regret de vous annoncer que j'ai subi un sérieux échec. Je m'étais porté en avant avec toutes mes troupes, à quatre heures du matin. La Tugela présente à cet endroit (vers le pont de Colenso) deux points guéables. Mon intention était de forcer le passage de l'un de ces gués, distants de deux milles, avec une brigade appuyée par la brigade du centre. Le général Hart devait attaquer le gué de gauche, Hildyart celui de droite, Littleton au centre devait appuyer ses deux collègues.

» Dès le début de la journée, je vis que Hart ne pourrait pas forcer le gué, et je lui donnai l'ordre de se retirer.

» Il avait attaqué avec beaucoup d'énergie, et je crains que son bataillon principal, le

« Connaught Rangers », n'ait beaucoup souffert. Le colonel Brooke est grièvement blessé. Je donnai au général Hildyart l'ordre d'avancer son régiment de tête « East Surrey » pour occuper la station de Colenso et les premières maisons près du pont du chemin de fer.

» A ce moment, j'appris que toute l'artillerie que j'avais envoyée pour appuyer l'attaque, les 14e et 66e batteries de campagne et six canons de marine à tir rapide, s'était avancée près de la rivière, à bonne portée.

» Nos batteries furent accueillies par un feu terrible. Tous les chevaux furent tués, et les canonniers n'eurent qu'à se réfugier près des pièces ou dans un pli de terrain où étaient les caissons. »

Des efforts désespérés furent faits pour ramener en arrière les pièces de campagne, mais deux seulement purent être sauvées par le captain Schofield et quelques conducteurs.

C'est là que le lieutenant Roberts, de la 66e batterie d'artillerie, fils du maréchal Roberts, trouva une mort glorieuse.

« Trois tentatives furent faites pour sauver

les autres pièces; mais devant les sacrifices qu'elles nous imposaient, je dus m'opposer à un quatrième effort.

» Privé d'artillerie pour appuyer le passage du gué, les conditions devenaient impossibles. Je donnai l'ordre de se retirer.

» Toute la journée, les Boërs ont attaqué mon flanc droit, mais ont été tenus en respect par le général Barton et la cavalerie de lord Dundonald.

» Nous avons abandonné dix canons et un onzième, démonté par un obus.

» Je crains que les pertes de Hart ne soient considérables.

» D'après les indications recueillies, les pertes des Boërs dépassent sept cents hommes. »

... Non, mon général, nous n'avons pas perdu sept cents hommes ce jour-là; et les rapports du général Botha annonçaient huit tués et vingt blessés... tandis que plus de deux mille Anglais jonchaient le champ de bataille.

Auprès des batteries surtout, le massacre a été terrible; les Boërs, embusqués sur un petit kopje, de l'autre côté de la Tugela, à trois cents mètres des canons, ont, pendant une heure, tiré à coup sûr.

Le 15 décembre, du reste, est depuis longtemps jour de fête au Transvaal; c'est l'anniversaire de la bataille de Blœdriver où Prétorius, pour venger l'assassinat de Peter Retief et de plus de cinq cents Boërs, défit les bandes du chef zoulou Dingaun.

C'était le 15 décembre 1838, et ce jour-là aussi, les quatre cents hommes de Prétorius, ne perdant eux-mêmes que trois blessés, laissèrent trois mille Zoulous sur le champ de bataille.

Après Colenso, l'occasion était encore bien belle pour les vainqueurs de pousser en avant l'armée du Natal et celles du Free State.

Les troupes anglaises sont augmentées, il est vrai, mais partout encore, les troupes fédérées sont victorieuses.

Dès le début, en somme, que d'éléments de succès pour les Boërs! Supériorité du nombre, supériorité du tir, connaissance approfondie de ce pays pour lequel il n'existe pas de cartes sérieuses. Éloignement des renforts que peuvent se procurer leurs adversaires.

On dirait que la Fortune de la guerre, prenant en considération la justice et le bon droit de leur cause, se plaise à réunir entre leurs mains tous les éléments de la victoire!

... Mais ni les conseils prodigués par les voix les plus autorisées et basés sur les grands enseignements de l'Histoire militaire, ni les prières dictées par les dévouements les plus absolus mis au service de la cause des Boërs, ne peuvent faire sortir le commandement supérieur de l'apathie où il semble plongé.

Le Christmas passe, fêté également par les deux armées. Les belligérants, au moyen d'obus fabriqués spécialement, échangent des vœux de bonne année, de « Happy Christmas », des bonbons, du chocolat.

Le 1er janvier les trouve toujours à peu près aux mêmes places. Un bombardement de convention continue sur les trois villes, Mafeking, Kimberley et Ladysmith.

Cependant le 6 janvier, Joubert se décide à une attaque...

Peut-on appeler ainsi cette rencontre bizarre, sans but et sans ensemble?... Est-ce une attaque des assiégeants, est-ce une sortie des assiégés de Ladysmith? L'un et l'autre, peut-être.

Cela se passe à Platrand...

Quatre ou cinq cents hommes du général Prinsloo sont engagés sérieusement. Les autres (il y a six mille hommes autour de la ville) prennent des positions de combat dans la matinée, les quittent vers dix heures pour rentrer déjeuner au camp, y retournent ensuite, et demeurent le reste de la journée à dix-huit cents yards de la ville qui n'est plus défendue, sans tirer un coup de fusil, sans avoir l'idée de s'y précipiter, ou de secourir leurs camarades en pleine lutte à proximité. Le soir ils rentrent paisiblement, tandis que les commandos de Zand-river, Harrismith, Heilbronn et Kroonstad ont cinquante-quatre tués et quatre-vingt-quatorze blessés.

Les Anglais perdent cent trente-huit tués et plus de deux cent cinquante blessés.

Avec un peu de décision, d'élan, de cohésion, il semble que la ville devait être emportée.

Cet avis était celui du colonel de Villebois Mareuil.

Du reste, jamais nous ne trouverons chez le

Boër, même dans les succès importants, cet entrain, ce mépris de la mort, cet enthousiasme qui jettent les troupes en avant, et font les grandes victoires.

Le même jour, sous Colesberg, un *accident* (ce mot est une trouvaille du général French pour désigner les combats malheureux) coûte cent cinquante tués, parmi lesquels onze officiers dont le colonel Watson.

Les sièges suivent leur cours... je ne dirai pas normal, car depuis longtemps, les villes mal défendues devraient être prises par les Boërs.

Telle est à peu près la situation générale, au moment où nous allons débarquer...

II

Le temps passe, l'hélice tourne toujours, et le 12 janvier nous arrivons à Diégo-Suarez.

— Les voyageurs pour Lourenço-Marquez changent de bateau!

Car le *Natal* continue sur la côte est de Madagascar et l'île Maurice.

Nous passerons donc la nuit à terre.

Nous nous retrouvons, errants dans la ville, avec le colonel Gourko, que nous prions, étant en colonie française, de bien vouloir dîner avec nous... Vraiment je ne suis pas fier, au nom de l'Art culinaire français, de ce que nous lui avons offert!

Puis, dans la journée du lendemain, je retrouve un maréchal des logis d'artillerie de marine, médaillé militaire, que j'avais connu simple canonnier au Soudan.

Il court prévenir les anciens Soudanais de la ville, et en un quart d'heure je me vois entouré d'une demi-douzaine de vieux camarades.

Ils sont très gais, les vieux camarades, parce qu'il y a eu une promotion le jour même, et plusieurs arrosent leurs nouveaux galons.

Je reste une bonne heure au milieu d'eux, à rappeler le bon temps passé dans cette colonie regrettée de tous ceux qui y ont vécu.

— Et un tel, qu'est-il devenu?

— Maréchal des logis chef.

— Et un tel?

— Médaillé.

Bien souvent, un bref : « Mort! » venait répondre à l'appel d'un ancien compagnon.

Mais, nous autres coloniaux, ne faisons jamais de vieux os; et tous, tant de fois nous avons vu mourir des frères d'armes, des amis, que, par une grâce d'état peut-être, sans être indifférents, nous ne sommes pas si cruellement frappés que d'autres, par la perte de l'un de nous... L'habitude!

L'heure du départ approche; plusieurs sous-officiers retournent à leurs affaires, tandis que le nouveau promu et mon vieux camarade me reconduisent à l'embarcadère. Nous nous serrons la main avec effusion; et tandis que le canot nous emporte, du haut de la petite jetée de bois, mon vieil artilleur, légèrement troublé, la main au képi, s'écrie :

— Mon lieutenant vous êtes un grand homme!...

... C'est la première fois de ma vie, du reste, qu'on m'a dit que j'étais un grand homme. Aussi il est aisé de comprendre avec quel empressement, et quelle légitime fierté, je saisis au passage l'occasion de reproduire cette exclamation aussi flatteuse... que rare!

Or donc, je suis un grand homme!

En attendant la sanction de la postérité, nous abordons notre nouveau bateau.

La *Gironde*, des Messageries maritimes aussi, fait le service de Diégo-Suarez à Durban, et *vice versa*.

A bord, quelques officiers d'artillerie et d'infanterie de marine, ayant appris mon passage, veulent me serrer la main.

Je suis très touché de ce témoignage de sympathie venant d'inconnus, car, passant au-dessus de mon humble personnalité, il va rendre hommage à la noble cause que je vais défendre.

Mais la cloche sonne, on lève l'ancre, nous partons.

Si le *Natal* est un vieux « beau bateau », la *Gironde* est un très vieux « beau bateau ». Il a navigué autrefois sur la ligne élégante et rapide des Indes; mais maintenant, usé, démodé, il se contente de ce petit service auxiliaire jusqu'à ce qu'un coup de mer un peu violent l'envoie au fond de l'eau.

Néanmoins, nous arrivons sans accroc à Mozambique, où, quelques jours auparavant, un cyclone terrible a détruit une partie du village indigène.

Les huttes sont renversées, réduites en miettes, les arbres déracinés, les fils télégraphiques brisés, et, sur tout ce coin, plane un air de désolation lugubre.

Cependant, les négresses aux charmes abondants vaquent à leurs affaires sans avoir l'air d'être autrement émues de la ruine de leurs habitations.

Nous allons visiter le fort. C'est très drôle, ces soldats armés de fusils à tabatière, et ces créneaux moyenageux garnis de canons vieux de deux siècles!

Et tous ces braves militaires portugais semblent très convaincus de leur haute mission; ils ont même fait quelques difficultés pour nous laisser pénétrer dans leur « fort »!

Nous embarquons l'archevêque de Mozambique, je crois, qui est amené par une chaloupe militaire, avec tous les honneurs dus à son rang, et salué par les salves du fort.

Nous repartons le soir même.

Tous ces jours-ci, nous avons des couchers de soleil splendides : il y a du violet intense, du bleu, du rouge vif, du vert, du jaune, du rose, c'est d'un impressionisme extraordinaire et impossible à rendre.

Puis, toujours sans naufrage, nous arrivons à Beïra, où nous déposons notre prélat, qui est reçu par un nombreux état-major d'officiers, tandis que, sur le quai, des troupes forment la haie et que les canons tonnent.

Décidément le Portugal a une bien extraordinaire armée coloniale!

Il y a là, entre autres, un capitaine, je pense, énorme, prêt à éclater dans sa tunique ; chacun de ses longs commandements, que je ne comprends pas d'ailleurs, est suivi d'un ahurissement complet de sa troupe, et d'une exécution très variée.

Nous nous sauvons pour ne pas éclater de rire, car le moment est solennel... Quelques trombones ont attaqué l'air national portugais. Beaucoup de ces bons militaires ont porté les armes, et le plus grand nombre les a présentées... Monseigneur passe.

Il monte dans un petit « lawri » poussé par des noirs, et s'éloigne rapidement tandis que les troupes s'en vont.

Elles sont bien dignes de celles qu'à plusieurs reprises j'ai rencontrées à Lisbonne.

Il me semble qu'à la place de ces bons Portugais, j'aimerais mieux ne pas en avoir que d'en avoir de pareilles... Et puis, la suppression du budget de la guerre leur permettrait peut-être de donner quelques dividendes...

Dans l'après-midi, nous embarquons une bande d'Anglais qui viennent de Rhodésia pour s'engager comme volontaires à Durban et à

Cape-Town. Ils envahissent le salon avec ceux qui viennent les accompagner, puis chantent le *God save the Queen*.

Un certain nombre de Français répondent par la *Marseillaise*, la situation se tend, et, par antithèse, les poings se détendent. Il y a quelques horions échangés.

Nous avons à bord un petit-fils du président Krüger, qui habitait la Hollande, et qui, après avoir été arrêté une première fois, conduit à Durban et renvoyé en Europe, tente pour la seconde fois de rentrer dans son pays.

Grâce au plus strict incognito, rompu seulement vis-à-vis de deux d'entre nous, il y parviendra.

Nous nous présentons de nuit à la passe de Lourenço-Marquès, où, sans encombre et sans avoir été arrêtés, nous débarquons le 21 janvier.

Comme nous nous l'étions promis, nous faisons monter au salon une bouteille de Moët pour boire à la santé du captain B*** que nous allons quitter et contre lequel nous allons nous battre.

— Je bois à votre santé, nous répond-il, et je souhaite de ne pas vous rencontrer là-bas!

Nous nous quittons sur un vigoureux shake hand.

A la douane, nous passons facilement nos revolvers artistement dissimulés, mais les gabelous sont tombés en arrêt sur les tenues, armes et harnachements appartenant au colonel Gourko. Ils ne veulent rien laisser passer malgré toutes les représentations. Le colonel est obligé de revenir accompagné du consul de Russie et du gouverneur. Nous nous installons au « Continental Hôtel ». Il paraît que c'est ce qu'il y a de mieux.

Nous sommes empilés cinq dans une petite chambre sur des lits improvisés, mangés de moustiques... et cela coûte quatorze shillings par jour!

Le colonel Gourko, qui après avoir rattrapé ses bagages y est descendu également, veut, à son tour, nous inviter à dîner. Il fait princièrement les choses et a dû avoir une addition que Paillard lui-même n'oserait pas présenter.

Tous les obstacles possibles sont inventés pour nous empêcher de partir.

D'abord, naturellement, visa des passeports ; mais auparavant, il faut aller chercher des timbres à l'autre bout de la ville, puis un certificat de bonnes vie et mœurs. (Nous sommes ici de la veille!) Puis d'autres timbres, puis un avis du consul de France, puis d'autres timbres : et jamais le bureau qui délivre la signature ou le papier n'est celui qui vend les timbres.

Enfin, nous sommes en règle, la poche bourrée d'une douzaine de feuilles couvertes de quantités de signatures et d'une nuée de timbres. Coût : plus de cinquante francs.... Dix mille huit cent cinquante reïs!

Nous allons à la gare le lendemain matin à sept heures.

De nombreux agents sont là. Par ordre du gouverneur, personne ne peut s'embarquer pour le Transvaal, à l'exception de l'ambulance russe.

Nous poussons des cris d'orfraie et dévalons chez le consul.

Sur notre réclamation formelle, cet arrêt étant nuisible à nos affaires, il se rend chez le gouverneur et lui fait de sérieuses remontrances, à la suite desquelles nous sommes autorisés à prendre le train le lendemain, car il n'y en a qu'un par jour.

Dans la journée, nous errons un peu dans la ville qui manque d'intérêt.

Seule, la grande place plantée d'arbres est agréable.

Nous saluons au passage l'enterrement d'un officier du stationnaire anglais.

Le cercueil, recouvert de l' « Union Jack », est placé sur un petit affût de débarquement et traîné par des matelots, tandis que d'autres font la haie.

Les officiers en grande tenue suivent le deuil et une compagnie de vestes rouges ferme la marche.

C'est la dernière fois que nous rencontrerons « the soldiers of the Queen » avant de tirer consciencieusement sur eux.

Ils sont déjà nombreux dans l'Afrique du Sud et chaque jour en amène encore davantage.

Au début des hostilités, il pouvait y avoir 25 000 hommes environ entre le Natal et le Cap Colony.

Du 9 novembre au 1er janvier, soixante-dix-huit transports ont amené 70 000 hommes et complété la 5e division; 15 000 volontaires ont été levés sur place, soit 110 000 hommes en tout.

Les 6ᵉ et 7ᵉ divisions, une nouvelle contribution des colonies, feront 22 000 ; 3 000 yeomanry et 7 000 miliciens complèteront, au mois de février, les 152 000 hommes annoncés pour cette époque. La 7ᵉ division est partie du 4 au 11 janvier, amenant près de 10 000 hommes et dix-huit canons.

Les engagements, payés trois mille six cents francs, se font de tous côtés (seize cents francs à l'engagement, deux mille francs à la fin de la guerre). Les arrivées à notre Légion étrangère en subissent le contre-coup et en éprouvent un arrêt considérable.

La ville de Londres forme, au moyen d'une collecte de cent mille livres sterling, un corps de volontaires.

Ce système d'engagements à outrance trouve en Angleterre même de sérieux détracteurs.

« Quelle humiliation, — dit Frederick Greenwood dans la *Westminster Gazette* du 2 janvier, — quelle humiliation, d'être obligés de crier : *Help! Help!* à tous les carrefours pour récolter un homme ou un cheval! »

Dix-sept nouveaux bataillons doivent être levés après le 15 janvier.

Le choix des hommes appartient au colonel ou au lieutenant-colonel commandant la circonscription régimentaire.

Ils doivent être âgés de vingt à trente-cinq ans, avoir accompli une période d'instruction en 1898 ou en 1899, et posséder un certificat de tireur.

Mais, de fait, beaucoup de ces certificats s'accordent par complaisance, et un tiers des volontaires a de dix-huit à vingt ans.

L'effort donné par le pays est considérable.

Le 19 janvier, la 8e division a été mobilisée. Elle comprend :

Les 16e et 17e brigades, sous le commandement des généraux majors B. Campbell et J. E. Boyes;

Les batteries nos 89, 90 et 91, et la 5e compagnie du génie, soit 10 540 hommes, 1 548 chevaux, dix-huit pièces, et huit machin guns.

La 8e division est sous les ordres du général H. M. L. Rundle. Celui-ci, âgé de quarante-quatre ans, a déjà pris part à la campagne du Zululand, au siège de Potchefstroom au Transvaal en 1881, et aux guerres d'Égypte et du Soudan, de 1884 à 1898.

III

Continuons notre voyage. Le 24 au matin, à sept heures, nous prenons le train, et partons, heureux de quitter Lourenço-Marquès.

La dernière station-frontière est Ressano-Garcia : il y a encore inspection des papiers!

Au moins, si on les paie cher, ils servent. Puis le train repart, et quelques minutes après, nous roulons sur le sol du Transvaal.

Le long de la voie, à chaque petit pont, un poste de Boërs en armes.

La gare de Komatipoort est aussi occupée militairement.

Tout le monde descend. Il y a une inspection minutieuse de tous les papiers, même personnels, et nous sommes consciencieusement fouillés.

Ayant montré patte blanche, on autorise notre départ. Les trains vont très lentement dans cette région extraordinairement accidentée.

La voie monte presque constamment soit à flanc de montagnes, de rochers, soit le long de précipices sans fond.

Plusieurs endroits sont des plus pittoresques. Le soir, arrivés à Watervaal-onder, le train s'arrête; car dans ce pays, les trains, pas plus que les hommes, ne sont jamais pressés.

Un Français, du nom de Mathis, est propriétaire d'un hôtel où nous couchons. Il nous reçoit avec beaucoup d'affabilité, et nous parle avec délices des chasses aux environs.

C'est un Nemrod.

Le lendemain, nouveau départ, pour arriver le soir à Prétoria.

Mon camarade Gallopaud est à la gare, et nous conduit au « Transvaal-Hotel » où sont hébergés les hôtes du Gouvernement.

Dès le lendemain 26, grâce à l'amabilité de M. Grünberg, nous pouvons être présentés à M. de Souza, secrétaire de M. Reitz, pour qui nous avons des lettres de recommandation.

Nous prêtons serment de « Burghers », et

nous sommes armés : nous recevons des carabines Mauser, dont l'approvisionnement est près d'être épuisé, des cartouches et des cartouchières.

Mais chevaux et selles commencent déjà à faire défaut.

Nous sommes impatients de partir; or, le samedi à partir de une heure et le dimanche entier, bureaux et magasins sont fermés.

Nous en profitons pour jeter un coup d'œil sur la ville.

Prétoria est, nul ne l'ignore, la capitale du Transvaal.

C'est le siège du Gouvernement, qui comprend deux Chambres : le premier Volksraad et le second Volksraad. Tous les deux composés de vingt-neuf membres, élus par le suffrage direct.

Le président de la République et le général en chef sont élus, le premier pour cinq ans et le second pour dix ans, par les électeurs du premier Volksraad.

Ils sont indéfiniment rééligibles.

Le président Paul Krüger, « Oom Paul », comme on l'appelle familièrement, a été longtemps généralissime avant d'être président.

Le général en chef actuel, Joubert, était son compétiteur lors des dernières élections présidentielles.

Le budget du Transvaal, alimenté pour la plus grande partie par les droits très lourds sur l'exploitation des mines d'or et un impôt écrasant sur les explosifs, se soldait, en 1897, par un revenu de 112 005 450 francs, contre 109 851 400 francs de dépenses.

L'aspect général de Prétoria est triste ; deux ou trois rues sont seules mouvementées : la période dans laquelle nous la traversons ne peut certes pas l'égayer ; mais je me suis laissé dire que, même en temps de paix, sa physionomie n'était jamais bien vivante.

Très étendue, la ville est desservie par de petits tramways, traînés par deux chevaux étiques.

Au centre, l'hôtel du Gouvernement, où nous avons été hier, est une vaste construction en pierre de taille, disgracieuse et massive, quoique ayant, je crois, quelques prétentions au grand style.

Devant chaque façade, un factionnaire de la garde du président fait les cent pas.

Sous les colonnades de l'entrée principale, qui donne sur une grande place, quelques marches font pénétrer dans un vaste « hall », au fond duquel s'élève un escalier monumental.

De chaque côté du hall, deux vastes corridors font le tour du palais, et donnent accès sur tous les bureaux.

Aujourd'hui, tout cela est encombré — hall, corridors, bureaux — de gens affairés, les uns solliciteurs, les autres sollicités, qui courent en tous sens.

En dehors de quelques rares constructions à étages, groupées autour du palais du Gouvernement et dans la rue principale, — le Post-Office, le club, les banques, les hôtels, les grands magasins, — les habitations sont toujours de petits cottages entièrement de plain-pied et entourés de jardins.

. . . .

Le lundi matin, nous pouvons avoir des chevaux que nous allons « lasser » nous-mêmes dans la cour immense qui sert de réserve.

Nous avons également de vieilles selles anglaises; et après avoir acheté quelques cou-

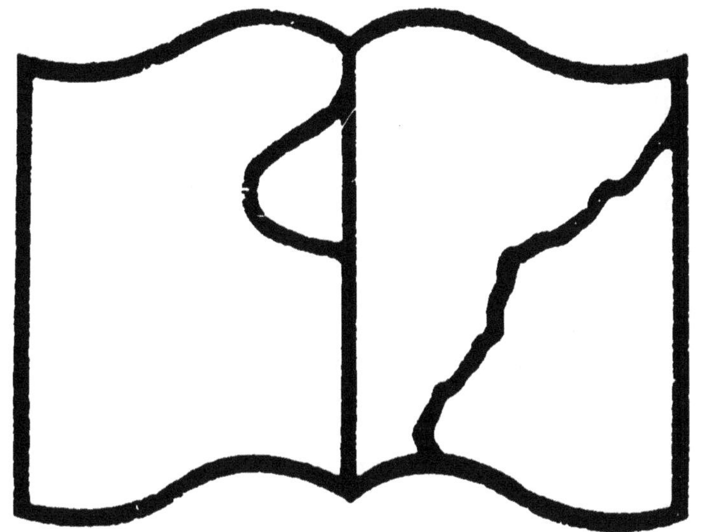

Texte détérioré — reliure défectueuse

NF Z 43-120-11

vertures et des provisions indispensables, nous sommes prêts vers cinq heures du soir.

Notre départ est fixé à onze heures, par le train spécial qui conduit le *Long Tom* à Kimberley, où nous devons rejoindre le colonel de Villebois-Mareuil.

Ce *Long Tom*, canon de 155 millimètres, sortant du Creusot, est un personnage, une célébrité. Il pèse 2 500 kilogrammes et son affût autant.

Sa renommée lui vient de son histoire.

Une nuit de novembre dernier, à Lombard's Kop, devant Ladysmith, où il était en batterie, soixante Anglais, profitant du sommeil des sentinelles boërs, sont montés à l'assaut de la colline, se sont emparés de la pièce, et, ne pouvant la déplacer en ont, au moyen de dynamite, détérioré les deux extrémités. Puis les Burghers, revenus en nombre, l'ont reprise, transportée à Prétoria et réparée d'une façon remarquable. Seulement, elle est raccourcie de 25 centimètres environ.

A la suite de ces aventures, elle est devenue, tel l'Enfant prodigue, la pièce légendaire et chérie de ces grands enfants qu'on appelle les Boërs.

C'est donc un honneur considérable d'être appelé à escorter le *Long Tom*. Nous partageons cet honneur avec un artilleur du nom d'Erasmus, type curieux qui, grièvement blessé lors de la prise de « son canon, » avait juré de ne retourner se battre qu'avec lui.

Donc, ce lundi soir, à onze heures, par une pluie diluvienne, nous nous embarquons, nous et nos chevaux, dans le train, qui profite du reste de ce qu'il est spécial pour partir avec une heure de retard.

Il se compose de trois ou quatre wagons de première classe à couloir latéral. Ces wagons, assez confortables, et très élevés de plafond, ont dans chaque compartiment deux banquettes de trois places, recouvertes de cuir, et, au milieu, une table pliante de cinquante centimètres de large environ.

Pour la nuit, une seconde banquette à mi-hauteur du wagon, relevée le jour ou servant de filet à bagages, constitue une sorte de couchette ; de telle façon que quatre voyageurs par compartiment, ayant chacun sa banquette, peuvent se reposer à l'aise : agrément qui mérite considération, dans un pays où les voyages ont facilement une durée de quarante-huit heures et parfois de six ou sept jours, comme de Cape-Town à Buluwayo et à Fort-Salisbury.

On s'installe à sa guise, sans aucune espèce de contrainte. Il n'y a pas d'enregistrement de bagages, et l'on envahit — le terme me paraît propre — les compartiments avec armes, selles, brides, cartouchières, provisions, chiens — si l'on en a — couvertures, malles et ballots!

Pas d'employés, pas de personnel, pas de cris ou d'avertissements, pas de « défense de descendre avant l'arrêt complet du train! »

Un chef de gare, et c'est à peu près tout.

Trois coups de cloche, à petits intervalles, annoncent le départ du convoi.

Vous montez ou ne montez pas, restez sur le marchepied, grimpez sur le toit du wagon, laissez la portière ouverte ou fermée, montez sur un truc ou dans un fourgon à bestiaux, tout cela c'est votre affaire. Vous êtes libre, et jamais personne ne se permettra de vous contrarier à ce sujet.

Dans les wagons, on dort, on boit, on mange, on chante, on tire, on joue, et tous les matins un noir vient faire la corvée.

Il y a de tout : vieux papiers, boîtes de conserves vides, épluchures de fruits, fonds de pipes, étuis de cartouches, bouteilles vides et parfois brisées... Un inspecteur du P. L. M. en deviendrait immédiatement fou.

Pendant le nettoyage, on va demander un peu d'eau chaude à la locomotive et l'on prépare le café.

Sur des trucs que l'on va chercher soi-même, on charge, sans longrines, les lourds chariots de vivres, de munitions et les canons.

Enfin, on entasse pêle-mêle dans des wagons à bestiaux découverts, les mules et les chevaux d'une part, les bœufs de l'autre. Et il n'y a pas plus de blessures pour les chevaux qu'en Europe, où nous les rangeons, pour les faire voyager, comme des sardines dans une boîte... « 32 hommes, 8 chevaux »!

Les bêtes de ce pays-là ont apparemment, comme les hommes, appris à se débrouiller dès leur plus tendre enfance...

Pendant le trajet, le mardi, un « springbock », sorte d'antilope, affolé par la locomotive, a l'imprudence de courir le long du train à environ trois cents mètres...

Du tender au fourgon de queue, s'ouvre aussitôt un feu roulant. Le mécanicien ralentit, puis, la bête tombée, stoppe tout à fait. Un homme descend, va chercher le gibier et le rapporte tranquillement. Le train repart, le springbock est dépouillé, et, à la station suivante, l'envoi d'un gigot remercie le mécanicien de son amabilité.

... Le voilà bien le voyage d'agrément!

Mais il y a toujours des « empêcheurs de danser en rond »! Au mois d'avril 1900 une amende de cinq livres sterling sera prononcée contre quiconque tirera des coups de fusil ou de revolver dans les gares et dans les villages!

A chaque station — et Dieu sait si elles sont nombreuses! — la population féminine est au grand complet à la gare, chantant l'hymne boër, dès que le train est en vue. Et à chaque station également, la cérémonie suivante recommence : une députation vient trouver Erasmus, le priant de montrer le *Long Tom*. Erasmus monte sur le truc où le canon est installé, ouvre la culasse, devant laquelle chaque femme défile, y introduisant qui la tête, qui le bras avec des cris admiratifs.

Puis Erasmus referme la culasse, descend, et l'hymne du Transvaal, repris en chœur, alterne avec celui du Free-State jusqu'au départ du train.

Bref, nous arrivons le mardi soir vers six heures à Brandfort. Il est trop tard pour débarquer le canon, et nous allons coucher dans le village.

Nous y sommes très bien reçus.

De bonne heure, le mercredi, nous commençons le débarquement, aidés par tout le village, et toujours accompagnés de l'hymne du pays.

Toutes ces jeunes filles ont des voix aigres et forcées; mais de loin, en chœur, l'effet n'est pas désagréable. Quant aux chœurs d'hommes, dont ils abusent un peu, ils sont vraiment jolis et d'un grand effet.

Leur musique, très lente, est presque entièrement sur un rythme religieux.

Vers trois heures, le lendemain jeudi, le convoi est prêt. Au *Long Tom*, ont été attelés trente bœufs. Le reste du convoi est composé d'une vingtaine de voitures de vivres et de munitions.

Au moment du départ, deux ou trois photographes se montrent.

Et la colonne, escortée par une soixantaine de Boërs, s'ébranle dans la direction de Kimberley, au milieu de l'enthousiasme de la population.

Les voitures sont de lourds chariots à quatre roues, munis d'un frein puissant, et dont l'arrière est recouvert d'une sorte de tente arrondie, tendue par des cerceaux.

Cette tente est l'habitation du Boër en voyage. Il y a son matelas, ses couvertures, ses ustensiles, ses armes, tandis que l'avant est réservé aux grosses provisions : mil, farine, biscuit, etc...

Le conducteur marche à côté de son attelage, muni d'un long fouet qui se manœuvre à deux mains, et dont le manche en gros roseau peut avoir huit à dix pieds de long, tandis que la mèche, faite de lanières de peau brute, est longue de quinze à vingt pieds.

La manœuvre de ce fouet est fort difficile; et il est curieux de voir un bon cocher, lorsqu'un effort est nécessaire, arriver, en une seconde, à distribuer à chacun des vingt ou trente bœufs de l'attelage, le coup de lanière auquel il a droit.

Le Burgher, lui, est à cheval. Dépenaillé, vêtu d'un veston sans couleur, d'un chapeau sans forme et d'un pantalon long sans sous-pieds.

Nous avons eu longtemps un voisin dont l'ulster, jadis probablement d'une couleur usitée, était devenu, par suite des pluies, des années, j'allais dire des siècles, d'une nuance rosée avec des reflets verts. Un coucher de soleil en mer!...

Et l'heureux propriétaire de ce prisme n'avait pas l'air de se douter que, parmi tant de choses extraordinaires, il était encore plus extraordinaire que tout le reste.

Notre guerrier est installé sur une mauvaise selle anglaise, à laquelle pendent sans ordre, macfarlane, couverture multicolore, cafetière, sac à eau, sacoche contenant pêle-mêle café, sucre, tabac, biscuit et *billon* (viande séchée).

En sautoir, deux cartouchières et parfois son fusil, la bretelle dans le dos et l'arme elle-même en travers, sur le ventre, quand il ne la porte pas à la main, comme un cierge.

Il a un éperon, très rarement deux, trouvant que cette profusion constitue un luxe inutile.

Du reste, son moyen d'action sur le cheval sera beaucoup plus le *shambock* (lanière de peau d'hippopotame qu'il tient à la main) que son unique éperon.

Et ainsi équipé, sur son bidet qui trottine, traquenarde et entre temps galope, il va, silencieux, les jambes en avant, les pieds allongés, rattrapant ses étriers trop longs....

L'organisation militaire est à la hauteur de l'équipement.

Le « commando » est le seul fractionnement de troupe connu des Boërs.

Le commando est la réunion des habitants d'un district, sous les ordres d'un « field-cornet » ou d'un commandant.

Ces grades, ratifiés par le Gouvernement, ne sont sujets à aucune hiérarchie, et n'impliquent que le nombre plus ou moins considérable d'électeurs.

Je dis « électeurs », car les field-cornet sont nommés par leurs hommes, et nomment eux-mêmes en partie les généraux. Cela va bien tant qu'électeurs et élus sont en communion d'idées. Mais lorsque l'élu songe à faire exécuter un plan qui n'est pas celui de ses administrés, il côtoie le précipice de la mise à pied et du remplacement par un membre de la majorité.

Je ne sais pas quels sont, en politique, les résultats obtenus par ce système ; mais, appliqué à une armée, ce régime est des plus fâcheux ; car très souvent le chef élu, brave par lui-même, n'ose pas engager ses hommes, par crainte d'engager aussi sa popularité ; et cette considération est entrée, je crois, pour la plus grande part, dans l'absence de toute offensive du côté des Boërs. Peut-être même faut-il y chercher l'une des causes les plus sérieuses de leurs revers définitifs.

Le commandant ou le field-cornet choisit parmi ses hommes, un « corporal » qui le seconde. Ces commandos, d'effectifs essentiellement variables, portent le nom de la ville de leur district : Heidelberg-Commando, Carolina-Commando.

Et non seulement ces groupes peuvent être d'effectif variable suivant le nombre d'habitants du district ; mais encore, le field-cornet lui-même ne sait jamais le nombre d'hommes qu'il a sous ses ordres, car les Burghers n'entendent pas demeurer continuellement « au front »; et lorsque l'un d'eux a envie de retourner à sa ferme, rien ne saurait le retenir. Il part, quitte à revenir plus tard pour une nouvelle période.

Ces sortes de désertions en masses ont été fréquentes le lendemain de défaites.

La Johannesburg-Politie est, avec l'artillerie, la seule troupe à peu près organisée du Transvaal.

Elle est composée de la police de Johannesburg et de Prétoria.

En temps de paix, les hommes ont un uniforme composé d'un dolman noir, de coupe anglaise, et d'un pantalon également noir. Leur coiffure est un petit képi rigide, noir, avec un bouton au sommet; et, en grande tenue, un casque blanc à pointe avec une plaque portant les armes du Transvaal. Au col de leur dolman, sont trois lettres en cuivre : Z. A. R. (Zuid Africa Republic). Mais, en campagne, toute tenue a disparu et ils sont semblables aux autres Burghers.

Parmi eux règne une certaine discipline, et ils reçoivent une solde, plus faible en temps de guerre qu'en temps de paix, leurs familles percevant des indemnités en nature pendant la période des hostilités.

Ce sont les seuls sur lesquels on puisse compter pour défendre un point qu'on leur aura dit de garder.

Les autres Burghers ne se battront que si cela leur convient, et s'ils peuvent le faire sans trop de risques.

L'effectif de la Johannesburg-Politie est d'environ huit cents hommes, avec quatre lieutenants, sous les ordres du commandant Van Dam, homme énergique et intelligent.

Le service des pièces dont nous avons donné une courte description, — quatre Long Tom, une douzaine de canons de 75 millimètres modèle Creusot, une trentaine de canons Krupp de campagne et de vieux Armstrongs : cent dix ou cent vingt pièces au maximum, — est assuré par un corps d'artilleurs dont la caserne est à Prétoria.

A dessein, je ne dis pas dix-neuf ou vingt batteries, car il n'existe aucun groupement, chaque pièce agissant isolément suivant les besoins des généraux ou les fantaisies des artilleurs.

L'effectif est de trente officiers et quatre cents hommes environ.

Ils portent le dolman et la culotte ou le pantalon noirs, leur coiffure est une sorte de shako rappelant celui de l'armée suisse.

En campagne, ce shako est remplacé par le large feutre noir relevé sur le côté, et le reste de la tenue subit toutes les transformations dictées par l'imagination de son propriétaire.

Ils ont été sous les ordres du commandant Erasmus[1], mis à pied après l'affaire de Lombard's Kop, sous Ladysmith.

L'artillerie du Free-State, composée de vieux canons Armstrong et de quelques canons Krupp prêtés par le Transvaal, est servie par des artilleurs d'opéra-comique, vêtus de tuniques beiges, largement bordées de galon orange, et de culottes beiges.

Ils sont encore au-dessous de leurs confrères du Transvaal!

1. Le commandant Erasmus n'a aucun rapport avec l'adjudant Erasmus qui est avec nous. — Du reste à cause du peu de familles primitivement établies, les mêmes noms sont très répandus. — Il y a bien vingt Botha, trente Joubert, etc.

Donc, 40 à 50 000 Burghers, sans cohésion ni discipline.

Des field-cornet qui n'obéissent pas aux généraux et du reste ne se font pas obéir de leurs hommes.

Et au-dessus d'eux, des généraux titulaires, et des vecht-généraux (nommés pour la durée de la campagne seulement), ignorant, la plupart, les notions les plus élémentaires de l'Art de la guerre, et ne s'entendant guère entre eux!

Que de fois, durant cette campagne, pourrons-nous méditer cette phrase, que machinalement nous avons récitée pendant dix ans : « La discipline faisant la force principale des armées! »

. . . .

Nous avons six jours de route. Les bœufs sont habitués à marcher par petites étapes de deux heures, coupées par une heure de repos. La nuit seulement, les étapes sont de quatre ou cinq heures.

Le terrain est complètement nu, sablonneux, d'une teinte gris jaunâtre et ne produit qu'une petite herbe courte et drue qui constitue la nourriture des bœufs et des chevaux.

Dès l'arrivée à l'étape, les bêtes sont mises en

liberté; et au moment du départ, les « boys » cafres vont les chercher au galop et souvent fort loin.

L'eau est rare et généralement mauvaise. A plusieurs reprises, nous recevons dans les fermes devant lesquelles nous passons, une charmante hospitalité.

Les maisons sont propres, et souvent même les plus enfoncées dans la brousse ont un salon. Dans ce salon, des photographies, des images religieuses et des préceptes de la Bible écrits en grosses lettres. Le mobilier est simple; mais il est encore fréquent de trouver un harmonium, car le chant des cantiques tient une grande place dans la journée des Boërs.

Toutefois le respect des instruments de musique n'est pas poussé à l'extrême : à Dundee, par exemple, un Burgher s'était fait un abri avec la caisse d'un piano pris dans une villa anglaise!

Le chef de famille, ordinairement vieillard à barbe blanche, est maître absolu et respecté chez lui. Il préside le repas, servi par les femmes, lesquelles ne mangent que lorsque les hommes ont terminé.

Le menu se compose invariablement de mouton et d'œufs cuits ensemble dans la poêle, de pain ou de biscuit, et de fruits. Le café au lait constitue la boisson.

Les femmes boërs ne sont pas jolies, mais en général fortes et hâlées; elles portent de grandes capelines blanches ou roses, forme Greenaway, qui, pour les jeunes filles, sont extrêmement seyantes.

Le voyageur est un hôte, reçu comme une vieille connaissance; et quelle que soit l'heure de son arrivée, on lui apporte immédiatement du café au lait, et, pendant la saison, des pêches.

A l'époque de notre passage, beaucoup d'hommes sont à la guerre; mais, avec les femmes, il y a encore souvent une douzaine de bambins, ce qui fait de nombreuses maisonnées. Tout cela habite pêle-mêle dans deux ou trois pièces.

En temps de paix, le Burgher est un chasseur passionné; c'est du reste la raison de son adresse remarquable comme tireur, car il ne chasse jamais qu'à balle; le plomb est inconnu.

En temps de guerre, le Burgher est encore un

chasseur. Il se bat comme il chasse, le gibier seul est changé. Seulement, comme le gibier a des moyens de défense plus brutaux et plus efficaces que l'autruche ou le spring bock, le chasseur y met souvent moins de persévérance.

Lorsqu'un burgher s'arrête soit pour chasser, soit pour combattre, il met pied à terre, abrite son cheval derrière un rocher quelconque, et laisse sa monture en liberté, en ayant soin de passer la bride par-dessus l'encolure.

Tous ces chevaux sont dressés à rester immobiles quand ils voient les rênes pendre ainsi devant eux; et malgré la fusillade ils ne bougeront pas une patte.

Les Boërs ont une façon très spéciale de compter les distances. Lorsque, par exemple, ils disent, de tel endroit à tel autre il y a sept heures, il ne faut pas que l'infortuné voyageur s'imagine, en partant à midi, arriver pour dîner au but de son voyage : car, les sept heures en question ne sont qu'une mesure de convention. Ce sont des heures de galop, et il est supposé qu'un cheval qui pourrait, pendant ce laps de temps, soutenir l'allure la plus rapide, mettrait sept heures à franchir cette distance.

Les immenses concessions qui lui ont été données par le gouvernement restent incultes; car le Boër est essentiellement ennemi du travail; ses domestiques noirs font pousser le mil nécessaire et gardent ses nombreux troupeaux. N'ayant que des besoins très primitifs, cela lui suffit.

Pour se procurer du sucre, du café et les objets de première nécessité, il va vendre à la ville deux ou trois bœufs.

Les cartouches et le fusil fournis par l'État pour les périodes d'hostilités restent la propriété du Burgher.

. . . .

En étapes de guerre, cette méthode d'arrêter les bœufs parce qu'ils ont chaud, et les hommes parce qu'ils ont à boire du café au lait à chaque ferme, n'est ni très pratique ni très rapide. Aussi n'est-ce que le cinquième jour seulement que nous arrivons à Boshof qui sera plus tard la tombe de notre pauvre et vénéré chef.

Boshof, par contraste avec les environs, est une gaie petite oasis, que traverse un ruisseau très frais. Il y a des arbres verts et de gentilles villas. Deux ambulances y sont installées, mais n'hébergent encore que trois ou quatre blessés.

A l'extrémité du village, une piscine fait nos délices : nous y passons l'après-midi, après avoir été luncher chez le field-cornet.

Comme à Brandfort, la ville est en fête pour nous recevoir, ou plutôt — pas d'illusion — pour recevoir le *Long Tom*.

Nous repartons dans la nuit et gagnons Riverton-Road. Nous sommes en territoire anglais, en Cap Colony.

Vers midi, M. Léon arrive au-devant du canon, dont on attendait avec impatience la venue, annoncée depuis deux jours.

Nous sommes à une heure du camp que nous gagnons d'un temps de galop. Là, à Waterworks — prise d'eau alimentant Kimberley — nous trouvons le colonel de Villebois-Mareuil.

Est-il besoin de rappeler cette figure franche et énergique, dont les yeux bleus vous regardaient, droit, jusqu'au fond du cœur, ce sourire bienveillant, parfois légèrement railleur, toujours fin; cette parole claire, brève sans brusquerie?

Et déjà, cependant, on lisait sur ce visage

une sorte de tristesse à voir ces hommes, pour lesquels il devait donner sa vie, ne pas tenir compte des avis que lui dictaient sa profonde expérience et son inaltérable dévouement.

. . . .

Nous étions attendus depuis deux jours et le colonel, depuis ces deux jours, avait fait préparer d'excellents déjeuners. Puis ne comptant plus sur nous le troisième jour, il n'avait plus rien commandé et nous tombions à l'improviste sur sa cuisine.

Nous trouvons avec lui le baron de Steinberg, ce charmant Viennois dont tout Londres et tout Paris connaissent la verve intarissable.

Le soir, dans sa tente, il s'occupe d'une histoire de la guerre, et tourne en allemand d'exquises poésies. Le colonel travaille aussi beaucoup.

Le *Long Tom* arrive quelque temps après nous.

Notre laager, à Waterworks, est un grand carré de deux cents mètres de côté environ, planté de grands arbres, et contenant la machinerie de la prise d'eau. On dirait une oasis, au milieu de cette plaine immense et jaune. Au loin, quelques kopjes.

La distance qui nous sépare de Kimberley est d'environ 7000 mètres. Le camp est commandé par le général du Toit.

Kampferdam, où a été transporté le canon, est à 3 kilomètres dans le sud, et à 5500 mètres de Kimberley. C'est une sorte de piton blanchâtre, formé des résidus de l'extraction de la mine de diamants qui est au pied. Il peut avoir une cinquantaine de mètres de hauteur.

La nuit du mardi au mercredi est consacrée à la construction de la plate-forme en madriers sur laquelle le *Long Tom* et son affût seront installés.

Les projecteurs électriques des Anglais fixent de temps à autre leurs gros yeux ronds sur nous, mais rien ne fait supposer qu'ils aient remarqué quelque chose d'anormal.

Toute la nuit on travaille avec une activité fiévreuse, car Léon, qui dirige les opérations, voudrait tirer son premier obus au petit jour.

Mais ce n'est pas un petit travail que de hisser cette masse de 5000 kilogrammes, surtout avec des hommes inexpérimentés, têtus et indisciplinés! Et la pièce n'est prête qu'à dix heures.

L'un de nous, Michel, vieux sous-officier d'artillerie, titulaire d'une vingtaine de prix de tir, apporte le concours de son expérience; et comme il ne trouve pas de réglette de tir, Erasmus lui propose avec candeur d'en confectionner une en bois.

Enfin le premier coup est tiré !

Je suis sûr qu'à ce moment il n'y a pas un Boër dans les tranchées. Tous se sont précipités pour voir l'effet produit.

Il est de deux sortes : d'abord, notre obus, mal réglé, va éclater loin dans la plaine; ensuite, aussitôt notre coup tiré, un obus anglais, venant de la batterie d'Autoskopje qui est à 3 500 mètres à notre droite, tombe et éclate dans la machinerie de la mine de Kampferdam.

Cet échange de bons procédés dure ainsi jusqu'aux environs de midi. C'est l'heure du lunch, chose sacrée. Le feu cesse.

Comme le café est un liquide qui demande à être dégusté tranquillement, le tir ne reprend que vers quatre heures. Il fait du reste très chaud, car nous sommes en plein été.

Pendant ce laps de temps, le colonel a été trouver plusieurs fois le général du Toit pour lui demander cinquante hommes de bonne volonté.

Le plan du colonel est d'écraser la ville pendant deux heures, de quatre heures à six heures, sous une grêle d'obus (nous en avons 450) et de la démoraliser ainsi ; puis, avec une cinquantaine d'hommes que nous, les Français, nous entraînerions, de s'emparer à la nuit tombante de la batterie d'Autoskopje qui est peu défendue, et, de là, gagner pied à pied la ville par un petit bois qui couvre tout le chemin à parcourir.

Ce plan est donc simple, n'engageant que peu de monde et a toute chance de réussir, par suite de la surprise qu'éprouveraient les Anglais qui n'ont jamais été attaqués jusqu'ici.

— Attends un peu, dit du Toit, j'en parlerai demain au conseil de guerre.

Le colonel a beau lui dire que de l'à-propos de l'attaque dépend le succès, il lui est impossible d'obtenir d'autre réponse. C'est une soirée perdue.

Le général du Toit, grand, bronzé, porte en pointe sa barbe d'un noir foncé. Son regard est droit et très pénétrant. Très brave de sa personne, il n'a jamais osé engager ses hommes.

Ceux-ci aiment bien la vie d'assiégeants.

Ils l'apprécieront moins, cependant, lorsque le *Long Cecil* entrera en jeu. Jusque-là, le long farniente, sans grands dangers, — la ville, commandée par le colonel Kekevitch, étant défendue par un effectif trop restreint pour tenter des sorties, — n'est guère interrompu que par le chant des cantiques, la confection de nombreuses tasses de café au lait ou de cacao et quelques chasses au spring-bock.

Chaque soir, une garde formée de ceux qui le veulent bien, je pense, s'en va, munie d'un confortable matériel de couchage, prendre le « service » autour du camp.

D'autres, les braves, demeurent aux trois batteries établies qui contiennent le *Long Tom*, trois Armstrong et un Maxim.

La batterie du *Long Tom* est, de beaucoup, la plus appréciée; et cela pour plusieurs raisons : d'abord, son tir est plus intéressant que celui des petites pièces; ensuite, ses défenseurs, à cause des grands travaux de la mine, sont mieux abrités, et enfin la recherche de quelques diamants égarés occupe nombre d'anciens mineurs.

Parmi les assiégeants de Kimberley, nous avons, en effet, trouvé toute une bande d'aventuriers que nous ne reverrons nulle part pendant la campagne. De toutes nationalités, un grand nombre même connaissant la ville, pour y avoir travaillé dans les mines, sont venus avec l'espoir de trouver dans le désordre des exploitations brusquement interrompues quelque diamant sans maître... Puis, ils savent que Cecil Rhodes est dans la ville, n'ayant pas eu le temps de fuir ni d'emporter son trésor...

Puis enfin, il y a des banques, des bijoutiers dans Kimberley; et si les Boërs s'emparent de la ville....

Il paraît que Cecil Rhodes s'est bien rendu compte de ce danger : et j'ai ouï dire qu'il avait tenté la construction d'un ballon destiné à transporter « Cecil et sa fortune » vers une cité moins menacée.

En tout cas, sa reconnaissance envers ses défenseurs sera vive. Et en plus de nombreuses libéralités, il leur offrira à tous une médaille commémorative.

IV

A défaut d'assaut, le bombardement reprend lent et mal réglé. Les Anglais ne répondent guère mieux, quand soudain entre en jeu leur nouveau canon dont quelques lettres surprises nous avaient annoncé la fabrication.

C'est le *Long Cecil*, canon de 12 centimètres environ qui a été fabriqué dans Kimberley même, pendant le siège, avec une pièce d'acier prise aux machineries de la *de Beers* (mine de diamants).

Cette pièce a été forée, calibrée et rayée avec les simples instruments dont disposaient les assiégés.

La fermeture de la culasse, assez fantaisiste, est basée sur le système Canet. Faute de champ de tir d'expérience, la hausse avait été faite d'après les appréciations du tir réel.

Donc, le *Long Cecil* commence à parler et à bien parler. Nous sommes à plusieurs reprises couverts de terre, et je suis convaincu que, sur vingt obus, on n'aurait pas trouvé deux cents mètres d'écart. L'un d'eux tombe, heureusement de biais, sur la plate-forme même du *Long Tom*, rebondit et va éclater plus loin. Sept hommes sont blessés.

Le lendemain jeudi, la journée est presque mathématiquement la même. Vers cinq heures, échange d'aménités entre le *Long Tom* et le *Long Cecil* jusqu'à huit heures et demie; à huit heures et demie : breakfast.

Reprise des canons jusqu'à onze heures. Lunch, repos. De quatre heures à six heures, nouvelle canonnade. A six heures, dîner.

Ce respect pour l'heure des repas est exquis et facilite vraiment la vie en campagne.

Il est à regretter qu'une convention internationale n'appelle pas sur ce sujet l'attention des puissances... Que de fâcheuses maladies d'estomac l'on éviterait!

Encouragés par l'exemple de leurs grands

frères, les petits canons Krupp et Armstrong de 12 et 15 livres se sont mis de la partie.

Les Anglais en ont cinq et nous quatre ; c'est charmant, on n'a pas le temps de s'ennuyer une minute.

Le vendredi, la demande d'hommes formulée par le colonel est toujours sans résultat :

— Attends un peu !

Steinberg en a assez. Voyant l'impossibilité de décider du Toit à une action, il part pour Jacobsdal, où il sera pris par les Anglais.

C'est une perte pour nous, car il possédait un extraordinaire répertoire d'aventures « arrivées » qu'il racontait bien drôlement, et ensuite il était très compétent en art culinaire.

En effet, les boys d'ici, bien inférieurs à ceux du Soudan, se disent cuisiniers dès qu'ils savent allumer du feu. Aussi confectionnons-nous nos repas nous-mêmes. Quelques conserves, un morceau de mouton rôti, ou quelque ragoût en font les frais.

Le colonel mange peu ; des viandes grillées seulement, et ne boit que du thé ou du lait, jamais ni vin ni alcool.

Il ne fume pas.

Le contraste est frappant, avec nous qui mangeons comme des ogres, buvons comme des éponges et fumons comme des locomotives!

Nous restons donc auprès de lui : Bréda, Léon, Michel, Coste, mon ami de C*** et moi.

Michel a repéré le tir, et la canonnade commence dans la nuit du vendredi au samedi. Les points repérés sont : les projecteurs électriques, les maisons de Cecil Rhodes, le Grand Hôtel, la dernière grande cheminée de gauche, et celle de droite.

Erasmus n'a pu dissimuler une douce gaieté à la vue de nos préparatifs de tir de nuit. Mais, lorsqu'il a compris que c'était sérieux et que l'on chargeait son *Long Tom*, ce sourire bienveillant que l'on a pour un enfant gâté qui se livre à quelque innocente bêtise s'est changé en une réelle inquiétude. Il a cru le pauvre Michel complètement fou!

Dans la suite, il s'y est habitué.

Le feu a cessé de part et d'autre vers minuit et demi.

Il reprend dès le samedi matin. Un de nos obus tombe sur les magasins de la *de Beers*, transformés en fabrique de munitions, et détermine explosion et incendie.

Les Anglais, voyant l'impossibilité de faire taire notre *Long Tom* avec leur *Long Cecil*, répondent à chaque coup sur la ville par un obus dans notre laager. Le tir de cette pièce est remarquable à cette distance de 7000 mètres.

Nous constituons du reste une cible excellente : un rectangle vert de deux cents mètres de côté, au milieu de la plaine aride et jaune.

L'obus arrive en trente-quatre secondes, mais ne produit pas grand dommage ; car un guetteur pousse un cri d'alarme « Skitt! » chaque fois qu'il voit la fumée, et l'on s'embusque.

Les télégraphistes de l'état-major qui travaillent dans une maisonnette sont reliés au guetteur par une sonnerie qui les avertit également, et ayant une demi-minute devant eux, ils descendent dans le fossé voisin.

Nous saurons plus tard que dans Kimberley, un système analogue a été employé pour se garer du *Long Tom*. De là, le petit nombre de tués. Cependant, une des premières victimes du *Long Tom* fut l'ingénieur qui avait construit le *Long Cecil* et venait de le terminer. Un obus tomba sur sa maison et le tua dans sa chambre. Une autre raison du peu de mortalité relatif causé par ce bombardement, c'est la mauvaise qualité, tant d'une part que de l'autre, des fusées employées pour les projectiles qui souvent éclatent mal ou pas du tout.

Ainsi, un des obus pénètre dans la machinerie de la prise d'eau, à quelques centimètres d'une réserve d'obus, et heureusement ne fait pas explosion.

Un autre traverse un tuyau de fonte épais de plus d'un centimètre et vient s'enfoncer dans la terre sans éclater non plus; sa fusée est entièrement aplatie sur le projectile au ras de la fonte.

Néanmoins, beaucoup, trop même, éclatent et produisent un effet satisfaisant... pour ceux qui tirent.

Aussi quelques Boërs ont poussé la prudence jusqu'à creuser une sorte de tombe profonde de plusieurs pieds dans laquelle ils ont entassé matelas et couvertures, et passent une partie de la journée et toute la nuit couchés sous cet abri.

Le samedi matin, en arrivant à la batterie, nous avons été surpris par de légers sifflements...

Les Anglais, gênés par le tir du *Long Tom*, ont creusé pendant la nuit des tranchées à environ douze cents yards, et les ont garnies de tirailleurs. Vu la distance, leur feu n'est pas bien inquiétant.

Le colonel de Villebois, comprenant bien vite ce qui va arriver, insiste de nouveau pour avoir quelques hommes. Il n'en demande plus que vingt-cinq pour brusquer l'attaque le soir même, car les shanjes[1] seront encore rapprochées pendant la nuit, et la batterie deviendra intenable.

Mais il se butte contre l'éternel :

— Attends un peu !

De longs convois de Cafres, que les Anglais ne peuvent plus nourrir, sortent chaque jour de la ville, précédés d'immenses drapeaux blancs.

On en laisse, après pourparlers, passer quelques-uns. On renvoie les autres.

Par suite du mouvement offensif tenté par la garnison, et dessiné par la construction des tranchées, le colonel craint un assaut de nuit dirigé contre le *Long Tom*.

1. Tranchées.

Tout le monde va coucher à la batterie, et l'on en profite pour tirer sur la ville. Histoire de passer le temps. Les Anglais nous répondent scrupuleusement, mais n'attaquent pas.

Dimanche 11 février. Repos sur toute la ligne. Les Burghers chantent en chœur des cantiques et ne s'arrêtent que très tard dans la soirée.

Ils sont quelquefois d'une simplicité biblique. Hier, le colonel était en train de se raser. Un Boër, sans rien dire, entre dans sa tente, s'assied sur son petit lit de camp et ne bouge plus. Le colonel, habitué à leur manière de faire, ne s'en inquiète pas, et attend que le Boër s'explique.

Puis, la silencieuse visite se prolongeant, il continue sa toilette par un tub pris sans aucun voile.

Le Boër est toujours là, et regarde.

Enfin, sa toilette terminée, le colonel explique au bonhomme qu'il faut sortir parce qu'il va fermer sa tente.

Le Boër sort, s'en va, toujours sans avoir ouvert la bouche; puis dix minutes après, revient avec un de ses amis, qui explique qu'il désirerait avoir le rasoir du colonel !... Il le rendra *après* !

On eut toutes les peines du monde à lui faire comprendre que le colonel désirait se réserver cet instrument pour son usage particulier.

Le dimanche donc, jour de repos, nous allons nous baigner à une source naturelle située à quatre kilomètres de notre laager.

Nous nous livrons à cette pacifique opération en compagnie d'un jeune clergyman qui était au camp ces jours-ci ; mais depuis que le *Long Cecil* bombarde ledit camp, il a trouvé que ce bruit belliqueux était incompatible avec ses fonctions, et il est allé planter sa tente hors de portée.

Le lundi matin le tir reprend de bonne heure.

Le colonel et Léon partent pour la batterie. Nos chevaux ayant été envoyés par erreur au pâturage, nous ne partons que près d'une heure après eux.

En arrivant, nous trouvons que les balles sifflent plus dru que l'avant-veille. On entend très distinctement le ronflement des « dum-dum », au milieu du sussurement des balles ordinaires.

Les Anglais, durant les deux nuits précédentes, ont approché leurs tranchées à sept ou huit cents yards.

Nous montons sur la plate-forme, où le colonel, impassible, le monocle à l'œil, cause avec le général du Toit; et au même instant, nous voyons Léon, qui était derrière eux, tournoyer sur lui-même et s'abattre sur l'affût du *Long Tom*. Le malheureux a le front traversé par une balle au-dessus des deux yeux.

Le colonel le saisit immédiatement dans ses bras. On se précipite pour aller chercher une ambulance, mais les balles sifflent en rafale, deux chevaux sont blessés, un burgher tombe, traversé de part en part.

Le pauvre Léon n'a pas perdu connaissance. Avec un grand calme, il nous dit adieu à tous, particulièrement au colonel de Villebois, auquel il a voué une grande affection.

Le colonel prend un peu d'eau pour lui laver le visage couvert de sang, et pose le quart vide sur le parapet en sacs de terre, qui nous abrite. Le feu des Anglais est si intense que le quart, à peine en place, est traversé d'une balle et jeté à terre.

Enfin une voiture arrive, apportant un infirmier et un brancard. On fait aux blessés qui sont maintenant une dizaine, un premier pansement, puis on emporte Léon sur une civière.

Quel voyage que cette étape de trois kilomètres dont la première partie s'effectue sous les balles!

La tête du blessé est enveloppée de serviettes maintenues constamment mouillées.

On lui tient une ombrelle au-dessus de la tête, car la chaleur est intense, et il est onze heures du matin.

Le sang lui sort par le nez et par la bouche. Pauvre garçon! nous le croyons bien perdu.

Au bout de deux heures, nous atteignons Waterworks. Mais la maisonnette, transformée en ambulance, n'est pas sûre depuis que l'on bombarde notre camp. On a donc télégraphié à Riverton-Road où se trouve une ambulance fixe, avec un bon médecin. Vers une heure, une voiture suspendue vient emporter notre blessé.

Le mardi 13, nous n'entendons pas, comme de coutume, le *Long Tom* saluer le lever du soleil. Qu'y a-t-il?

On envoie aux nouvelles. Le général du Toit

répond qu'Erasmus lui a fait dire que la pièce était cassée, et qu'on ne pouvait plus tirer! Il n'a pas été, d'ailleurs, se rendre compte du dégât, et ne s'en occupe pas plus que si on lui avait annoncé qu'il pleuvait à Chicago.

Nous nous rendons à Kampferdam, navrés, nous figurant le canon en miettes.

En montant, nous le voyons cependant toujours à sa place, étonné lui-même de ce silence inusité. Nous l'inspectons dans tous les sens. Impossible de nous rendre compte de l'accident; et en désespoir de cause, nous appelons Erasmus.

Alors, reculant de deux pas, celui-ci nous montre qu'une des poutres de la plate-forme, particulièrement atteinte par le recul, s'était abaissée de quelques centimètres.... Cela n'avait aucune importance, et ne gênait nullement le tir. Mais Erasmus, sans doute, n'était pas disposé à bombarder ce jour-là, et il avait dit au général du Toit que le canon était cassé, et le général avait immédiatement accepté la chose.

Après un attrapage sérieux de l'artilleur récalcitrant, le feu recommença comme d'habitude.

Au camp, les approvisionnements commencent à diminuer, malgré les pommes de terre que nous avons découvertes dans le fond de la machinerie.

Nous allons donc partir, avec deux camarades, pour nous réapprovisionner et tâcher d'obtenir à Prétoria un chariot et des mules.

Le colonel, considérant que le manque d'action offensive permettra au siège de durer indéfiniment, partira lui-même après-demain, 15 février, pour Colesberg, où nous le rejoindrons dans quelques jours. Donc, mise en route pour nous le 14. Direction : Brandfort et Prétoria.

Au départ, ma jument, excellente mais très rétive, me met brusquement en contact avec le sol, à la grande joie du colonel. Le même accident étant arrivé quelques jours auparavant à Bréda, cela devient le privilège des anciens officiers de cavalerie !

Nous atteignons à la nuit Riverton-Road où est soigné Léon. Dans la soirée, le colonel de Villebois arrive aussi pour avoir de ses nouvelles. La journée s'est bien passée, et l'opération nécessaire aura lieu ce soir à onze heures, pour éviter la chaleur. Nous demeurons à la porte du hangar à bagages, transformé en ambulance.

L'opération, réussie à souhait, dure près d'une heure et demie. Le docteur Dunlop, un Écossais, répond de la vie de notre malheureux camarade.

Au petit jour, le 15, nous nous dirigeons, le colonel vers le camp, et nous vers Brandfort.

Il fait extrêmement chaud, et nous nous hâtons, car le bruit de l'arrivée de lord Roberts s'est répandu : on pense que les opérations vont bientôt reprendre d'une façon intéressante et nous voulons terminer cette « corvée de vivres » le plus tôt possible.

Nous sommes le soir à Boshof, où un bon nombre de blessés est parvenu depuis notre dernier passage. Nous marchons encore toute la journée du 16, nous couchons dans la brousse et partons le samedi 17 au petit jour. Vers midi, un repos d'une heure et demie, et absorption rapide d'une boîte de « corned beef ».

Il est près de deux heures quand nous songeons au départ malgré un ciel de feu ; et, d'une seule étape nous gagnons Brandfort le dimanche matin, à dix heures, n'ayant pris que deux heures de repos, de trois à cinq heures du matin, l'obscurité nous empêchant de continuer notre route dans cette brousse et dans ce sable n'ayant aucune trace de sentier.

Nous sommes restés, ces derniers jours, à cheval vingt-six heures sur trente, pour terminer ce voyage de plus de 120 milles, accompli en trois jours et demi, soit plus de soixante kilomètres par jour, par une chaleur moyenne de 38 à 40 degrés, sans fourrage, presque sans eau, à travers un pays inconnu et sauvage.

Nos chevaux sont exténués, et c'est pied à terre, tirant les malheureuses bêtes par la bride, que nous faisons notre entrée dans le village. Quelle n'est pas notre stupéfaction d'apprendre que Kimberley, d'où nous arrivons, a été débloqué, sans combat du reste, le lendemain même de notre départ!

La surprise a, paraît-il, été complète. Un cri : « Les Anglais! » Puis une panique, laissant juste le temps d'enlever les canons et les voitures, abandonnant une partie des munitions, des provisions, la plate-forme et le frein du *Long Tom*.

Le colonel a eu le temps de filer avec Bréda.

Mais dans la déroute, un de nos camarades, Coste, s'est perdu, et a été rejoindre Cronje.

Ici se place une anecdote qui a fait notre joie. Un volontaire, d'un certain âge déjà, cinquante et quelques années, arrivait pour joindre le colonel au moment de l'attaque des Anglais. Très original, et un peu déséquilibré par l'abus des alcools, il se trouve pris dans la débandade sans y avoir compris grand'chose.

Tout à coup, des Burghers ne l'ayant jamais vu au camp, et frappés par son allure extraordinaire, lui demandent ses passeports. Ne comprenant nullement le *dutch*, il a du mal à saisir ce qu'on lui veut.

Enfin il tend le papier demandé.

Les pandores d'occasion s'absorbent dans une contemplation profonde, puis, successivement, agitent la tête de droite à gauche et de gauche à droite, ce qui chez tous les peuples a un sens négatif.

— *No good! obsal*[1] *!*

Deux hommes se placent de chaque côté du malheureux, cavalier des plus novices, et d'un

1. « Mauvais! à cheval! »

temps de galop l'emmènent à une ferme, à plusieurs milles de là.

— Pied à terre! vos passeports!

Autour d'une table, ils sont bien une quinzaine, hommes, femmes, enfants.

Le papier, de nouveau exhibé, passe de mains en mains... Tous discutent, chacun donne son avis...

L'ensemble n'est pas favorable, car les têtes s'agitent encore de droite à gauche.

— *No good! obsal!*

Le bon volontaire, endolori par la galopade effrénée, commence « à la trouver mauvaise ». Mais, conciliant, il remonte à cheval, et repart au galop, toujours escorté.

Arrivés à une autre ferme, la même inspection, également défavorable, recommence :

— *No good! obsal!*

Cette fois-ci « il ne veut plus rien savoir »; le malheureux, tout pâle, est moulu, harassé. Il oppose la force d'inertie la plus complète. Alors ses gardiens, convaincus que c'est un espion, le mettent le long d'un mur et arment leurs fusils.

Devant un argument si convaincant il

remonte, et finit par faire comprendre qu'à Brandfort il trouvera un répondant.

Bref, deux jours après, il y arrivait sans avoir mangé, épuisé, et toujours surveillé de près par ses bourreaux.

Par bonheur il fut reconnu et libéré.

Il n'est plus jamais retourné au « front ».

. . . .

Nous partons par le premier train pour Prétoria, que nous atteignons le 20 au soir. Nous nous mettons tout de suite en campagne de ravitaillement.

Deux jours après, je reçois une dépêche du colonel de Villebois-Mareuil. Ayant appris l'arrivée de nombreux Français à Prétoria, il m'avertit qu'il consent à en prendre le commandement, et me donne l'ordre de les réunir. En même temps, une lettre à M. Reitz explique à ce dernier son projet.

Parmi les nouveaux débarqués, d'anciens sous-officiers, d'anciens matelots, d'anciens légionnaires... De tout!

Leur équipement durera quelques jours, puis ils rejoindront à Colesberg, pour où nous repartons le soir même en chemin de fer.

LE COMMANDANT D***, ATTACHÉ MILITAIRE FRANÇAIS.

Durant ce court séjour à Prétoria, j'ai été présenté par le colonel Gourko au capitaine D***, attaché militaire français. C'est bien l'homme le plus charmant qu'il soit possible de trouver.

Sur les murs de la ville, nous avons remarqué de nombreuses affiches, annonçant des prières d'actions de grâces pour le 26 et 27 février. C'est l'anniversaire de Majuba-Hill, qui tous les ans est fêté en grande pompe, et cette année, malgré les préoccupations actuelles, il ne sera pas dérogé à la tradition.

La revue solennelle des troupes, ordinairement passée par le Président et le généralissime, ne pourra avoir lieu, naturellement. Mais, magasins et bureaux seront, comme d'habitude, fermés pendant quarante-huit heures, et la population entière se portera vers les temples.

Peu après notre départ, à une station dont j'ai oublié le nom — un peu volontairement car le souvenir de l'endroit me cause un remords — une jeune petite chienne fox-terrier, en jouant, monte dans notre wagon. Le train part... Il serait cruel de jeter sur le quai la pauvre petite bête qui pourrait se blesser en tombant, être même écrasée par le train... Bref, nous la gardons, et la baptisons immédiatement : Nelly.

Elle est bien jolie, toute blanche avec une tache noire sur la tête et une autre sur la croupe.

Le remords me poursuit... jusqu'à la station suivante, ensuite il s'efface... J'aime tant les chiens!

A Brandfort, un contre-ordre nous fait descendre à Blœmfontein, où, par suite des dernières opérations de lord Roberts, le colonel nous attend.

Nous débarquons notre voiture, nos mules, nos provisions. Mais nos chevaux fatigués ont besoin de remplaçants.

Le colonel, impatient, part pour Petrusburg, où nous devons le rejoindre aussitôt que possible.

Le 28 nous avons reçu la nouvelle de la capitulation de Kronje. Nous en ignorons encore les détails, mais l'effet moral a été désastreux.

Nous nous sommes procurés à la hâte, à Prétoria, voiture, harnais et mules, plus trois boys noirs.

Tout cela séparément est très bien : la voiture est un superbe omnibus fraîchement peint en gris; les harnais sont presque neufs, les mules belles; une petite noire, entre autres, est ravissante; et les boys ont été choisis pour tous les goûts : un grand, un moyen et un petit.

Le plus compliqué est d'établir une entente raisonnée entre ces différents éléments.

Au premier essai, les harnais cassent, les mules mordent et ruent. Il faut des ruses d'Apache pour approcher de la jolie petite noire. Les boys sont stupides, et ne parlent ni dutch, ni anglais, mais tout juste cafre.

Seule la voiture ne bouge pas; mais elle crie à fendre l'âme aussitôt qu'on y touche.

Une seconde expérience n'est pas plus heureuse.

Enfin, la troisième est un succès : la voiture s'ébranle et manque même de casser une de ses roues.

Ce résultat remarquable a été obtenu d'abord parce que tous les mauvais cuirs des harnais sont en pièces après deux séances de bonds et d'efforts en tous sens : il ne reste plus que les bons. Ensuite, la jolie petite mule noire, après avoir rompu une dizaine d'attaches s'est sauvée... de sorte qu'on n'a plus à l'atteler.

Enfin, nous avons installé les trois boys à quelque distance, en les priant de ne pas nous aider; et Michel, qui, en qualité de vieil artilleur, est un artiste en harnais, a fait merveille.

Et cahin-caha, nous partons, en escortant notre omnibus qui gémit à chaque cahot.

Nous avons l'air de « l'Attaque de la diligence » à Buffalo Bill!

V

Le 7 au matin, la route de Petrusburg nous est coupée, et le canon commence à tonner en avant de nous.

Nous avons été rejoints par M. Marais, adjudant du général P. Botha.

Dès les premiers coups de canon, nous abandonnons les voitures, et nous partons au galop dans la direction qu'ils nous indiquent.

Le combat de Poplar Grove va se dérouler devant nos yeux, sans que nous y puissions prendre une part très active.

L'action principale se passe sur notre droite, nous occupons la gauche des lignes boërs.

Devant nous, un kopje occupé par une centaine d'hommes qui tiraillent.

Vers onze heures, à deux milles de nous, des charges de cavalerie sont dirigées contre les canons.

Le feu se ralentit, puis vers deux heures, les Anglais nous canonnent furieusement ainsi que le kopje où est le centre boër : ils se servent de shrapnells (obus à balles).

Un mouvement tournant achève de démoraliser les Boërs, déjà fortement ébranlés par le bombardement et, à trois heures et demie, la retraite est générale.

Le président Krüger est passé ce matin en voiture pour annoncer qu'il avait fait les propositions de paix suivantes :

Blœmfontein, 5 mars 1900.

Les présidents de l'État libre d'Orange et de la République Sud-Africaine au marquis de Salisbury.

« Le sang et les larmes de milliers d'êtres qui ont souffert de cette guerre et la perspective de la ruine morale et économique dont l'Afrique du Sud est actuellement menacée, font une nécessité aux deux belligérants de se demander sans passion et comme s'ils étaient en présence de la Trinité divine, pourquoi ils combattent et si le but poursuivi par chacun d'eux justifie tous ces maux.

» Étant donné les assertions de divers hommes d'État anglais, tendant à établir que cette guerre a été déclarée dans le but de saper l'autorité de Sa Majesté dans l'Afrique du Sud et de créer une administration indépendante du gouvernement de Sa Majesté sur toute l'Afrique du Sud, nous considérons de notre devoir de déclarer solennellement que cette guerre n'a été entreprise et continuée que dans le but de maintenir l'indépendance incontestable, comme États jouissant d'une souveraineté internationale, des deux Républiques.

» A ces conditions, mais à ces conditions seules, nous sommes actuellement, comme par le passé, désireux de voir la paix rétablie dans l'Afrique du Sud.

» D'autre part, si le gouvernement de Sa Majesté est décidé à détruire l'indépendance des deux Républiques, il ne nous restera, à nous et à notre peuple, qu'à persévérer jusqu'au bout dans la voie où nous nous sommes engagés, ayant confiance que Dieu ne nous abandonnera pas.

» Nous avons hésité à faire plus tôt cette déclaration à Votre Excellence, parce que nous craignions, qu'aussi longtemps que l'avantage serait de notre côté, une déclaration de cette nature pourrait froisser les sentiments d'honneur du peuple britannique. Mais maintenant que le prestige de l'empire britannique peut être considéré comme affirmé par la capture d'une de nos forces, cette difficulté n'existe plus, et nous ne pouvons plus hésiter à informer votre gouvernement et votre peuple, en face du monde civilisé, pourquoi nous combattons et dans quelles conditions nous sommes prêts à rétablir la paix. »

Mais il est trop tard. L'Angleterre s'est rendu compte du découragement de ses adversaires; ses armées sont partout victorieuses, le Léopard britannique croit tenir sa proie, rien ne saura la lui faire lâcher.

La réponse de Salisbury raille, et ne sait même pas respecter le courage malheureux.

Foreign Office, 11 mars 1900.

« J'ai l'honneur d'accuser réception du télégramme de Vos Honneurs dont le but est principalement de demander que le gouvernement de Sa Majesté reconnaisse l'*incontestable indépendance* de la République Sud-Africaine et de l'État libre d'Orange, comme États *jouissant d'une souveraineté internationale*; et de nous offrir dans ces conditions de mettre fin à la guerre.

» Au mois d'octobre la paix existait entre Sa Majesté et les deux Républiques.

. . . .

» Soudainement, à deux jours de notice, la République Sud-Africaine, après avoir lancé un ultimatum insultant, a déclaré la guerre à Sa Majesté, et l'État libre d'Orange, avec qui il n'y avait pas eu la moindre discussion, agit de même.

» Les territoires de Sa Majesté ont été immédiatement envahis par les deux Républiques.

» Cette grande calamité est la pénalité que la Grande-Bretagne a eue à supporter pour avoir ces dernières années acquiescé à l'existence des deux Républiques.

» En présence de l'usage que les deux Républiques ont fait de la situation qui leur avait été accordée...

» Le gouvernement de Sa Majesté ne peut que répondre à Vos Honneurs en disant qu'il n'est pas disposé à consentir à l'indépendance soit de la République de l'Afrique du Sud soit de l'État libre d'Orange.

» MARQUIS DE SALISBURY. »

C'est donc la guerre à outrance!

. . . .

Dès le début de la retraite, un field-cornet est venu me demander un conseil, ce qui arrive quelquefois; mais il n'a pas suivi mon avis, ce qui arrive toujours!

Je voulais que, sur tout le parcours de la retraite, on fît crever les réservoirs, brûler le fourrage, empoisonner les puits.

Il n'a jamais consenti.

Dans la suite, lorsque je fus prisonnier, un officier supérieur anglais qui avait fait cette marche à travers l'État Libre, m'a dit avoir terriblement souffert de la soif; et il m'a affirmé que si la mesure que j'avais préconisée avait été prise, les 40 000 hommes de Roberts, en grande partie montés, n'auraient jamais pu venir à bout de leur tâche.

Mais, à ce moment, le temps manquait pour démontrer à ce brave field-cornet, par les enseignements de l'histoire en général et de la guerre d'Espagne en particulier, le bon résultat qu'on pouvait obtenir d'une pareille méthode de défense.

Les minutes devenaient précieuses, et nous filons, tandis qu'au loin flambe la moitié du convoi incendié par les obus.

Vers neuf heures et demie, nous couchons dans le Veld, sans monter de tente, sur le qui-vive.

Dès onze heures, le dernier traînard boër était passé.

Le colonel Gourko et le lieutenant Thomson ont été faits prisonniers.

Réveil le 8 au tout petit jour. Nos trois boys partent à la recherche de nos bêtes, qui, à cause de la rareté de l'herbe, ont été pâturer fort loin, malgré leurs entraves.

On les retrouve cependant, sauf une mule qui manque obstinément aux appels; ce qui est d'autant plus indélicat de sa part, que les Anglais sont à nos trousses.

Le temps presse, nous partons tant bien que mal avec notre attelage réduit.

6.

Tout à coup, un de nos boys, le grand John, se hisse sur les pointes de ses longs pieds, jette un coup d'œil circulaire, et... poursuit tranquillement sa route. Une demi-heure après, il recommence à se grandir et à inspecter l'horizon... Nous ne voyons absolument rien. Comme je le connais depuis peu, je pense que c'est peut-être un tic nerveux.

Mais, cette fois, il renifle puissamment, et, sans dire un mot, file dans une direction oblique.

Une heure après, il n'est pas revenu, et les doutes les plus sérieux sur sa fidélité commencent à nous envahir. Enfin, deux heures après, nous apercevons un point, puis deux.... C'est John et la mule perdue!... John est un ange... noir.

Sur la route que nous suivons, toutes les fermes ont arboré le drapeau blanc.

Nous arrivons vers midi à la bifurcation de la route de Blœmfontein. Là, il y a quelques Burghers. Nous plantons nos tentes.

Dans la soirée passe l'attaché militaire français, le capitaine D***, qui nous dit que le campement du colonel de Villebois est à une heure à peine.

LE MATIN DE LA BATAILLE D'ABRAHAMSKRAAL. (10 MARS 1900.) — DES COMMANDOS VONT PRENDRE POSITION DANS LA PLAINE.

Le 9 mars au matin, nous allons le retrouver. Il est là, en effet, avec une cinquantaine d'hommes venant de Prétoria.

Ces hommes sont divisés en deux pelotons : le premier sous Bréda, le second sous mes ordres. Dès notre arrivée, le départ est fixé à dix heures. Nous restons pour faire joindre notre voiture au convoi du colonel, que nous rallierons dans la direction de la ferme d'Abrahamskraal.

Le « French Corps » est constitué.

Nous arrivons vers quatre heures sur les hauteurs d'Abrahamskraal. La ferme qui porte ce nom est située le long de la Modder-river qui court de l'est à l'ouest, et dont les rives broussailleuses et escarpées sont baignées d'une eau bourbeuse et jaune, d'où son nom : Modder-river, — rivière de boue.

Une ligne de kopjes, s'appuyant à la rivière même, s'étend à plusieurs milles au sud, et, devant elle, à l'ouest, la plaine jaunâtre et dénudée. Au fond, à l'horizon, les kopjes de Poplar Grove, où nous étions il y a quarante-huit heures.

Le colonel, parti en reconnaissance avec sa

troupe, est impossible à retrouver, et c'est en vain que nous l'attendons toute la soirée à l'état-major du général de la Rey, en compagnie du baron von Wrangel, ex-lieutenant de la garde allemande.

Dans cette reconnaissance, un jeune volontaire, Franck, maréchal des logis de chasseurs d'Afrique nouvellement libéré, se distingua par son sang-froid et ses pointes hardies sous les balles.

Il est de l'étoffe des braves et, plus tard, le prouvera amplement.

La nuit tombe rapidement; et n'ayant toujours pas retrouvé notre chef, nous allons coucher dans une petite ferme abandonnée, avec les officiers de la Johannesburg-Politie.

Nous dormons auprès d'eux, comme des hommes ayant douze heures de cheval dans les jambes.

Le 10 mars, dès cinq heures, nous repartons pour le bivouac du général de la Rey. Il peut être six heures et demie, quand le vecht-général Sellier passe au galop, criant :

— *Obsal*! les Anglais!

Nos positions, prises dès la veille, sont les suivantes : notre droite, qui s'appuie à la Modder-river, est forte de quatre cents hommes environ de la Johannesburg-Politie, avec un canon Krupp, un Armstrong et deux Maxims.

Puis, un espace en plaine, où se porteront dès le matin un commando de deux cents hommes environ, trois canons et un Maxim, qui constitueront notre centre.

Enfin, au sud, à notre gauche, trois cents hommes sur un kopje rond, assez élevé.

Soit, en tout, neuf cents à mille hommes dispersés sur une étendue de plusieurs milles.

L'avant-veille, nous étions à Poplar Grove plusieurs milliers. Mais les Boërs, découragés par l'échec qu'ils y ont éprouvé, sont rentrés dans leurs fermes, refusant de se battre...

C'est bien là une des caractéristiques de ces hommes, lents, physiquement et moralement, profondément entêtés, astucieux plutôt qu'intelligents, méfiants, et quelquefois généreux.

Rapidement abattus et renaissant brusquement à l'espérance, tout cela sans raison apparente, leur caractère comporte une curieuse réunion de défauts et de qualités souvent les plus contradictoires[1].

Pour ces sortes de paniques, il faut, je crois, s'en prendre moins à eux-mêmes qu'à leur absence totale d'organisation. Car, en outre des courages individuels, qui ne manquent pas, la Johannesburg-Politie, avec sa discipline bien primitive cependant, a montré ce que l'on aurait pu attendre des Boërs soumis à la moindre instruction et à la moindre discipline militaire.

Elle seule est donc là, avec quelques étrangers et quelques hommes épars de divers commandos.

1. Il y a dix ans, Monsieur le Duc de Broglie dans son volume intitulé *Marie-Thérèse Impératrice*, écrivait, parlant de la campagne de 1744, contre Frédéric de Prusse.

« Le prince Charles ne disposait même pas de toutes ses forces... on ne lui laissait que les levées hongroises qui avaient fait à la vérité la principale force de l'armée autrichienne; mais ces troupes mal réglées, passant de l'ardeur à la défaillance avec cette mobilité d'impression propre aux hommes chez qui l'enthousiasme tient lieu d'expérience et de discipline, ne soupiraient plus qu'après le moment de rentrer dans leurs foyers, et ne se prêtaient qu'à regret à toute entreprise qui les en éloignait. Des compagnies entières abandonnaient les drapeaux pour reprendre le chemin de la Hongrie. »

Il semble que ces lignes écrites pour les Hongrois du siècle passé peuvent s'appliquer absolument aux Boërs d'aujourd'hui, et il est curieux de rappeler — sans penser un instant à comparer lord Robert au Grand Frédéric — que souvent les Hongrois firent échec au roi de Prusse, comme parfois les Burghers ont arrêté le maréchal anglais.

Le commando de Heilbronn, qui comprend plus de deux cents hommes, est représenté par le corporal et trois hommes. Les autres, commandant en tête, sont chez eux. De là ce faible effectif.

Enfin, tout ce qui est resté se trouve à son poste, derrière les petits retranchements de rochers élevés à la hâte.

Au loin, une longue colonne de « Kakhis » se déroule, marchant du nord au sud, nous présentant à sept ou huit milles son flanc gauche, et précédée d'un rideau d'éclaireurs à cheval.

Nous allons voir la mise en batterie de nos canons qui arrivent dans la plaine, à notre gauche, au centre de la ligne. Puis nous revenons sur le kopje où nous étions précédemment avec la Johannesburg-Politie.

Le capitaine D***, attaché militaire français, est là et suit tous les mouvements.

Vers huit heures, une fraction anglaise dessine un mouvement sur nous, et nous ouvrons le feu avec notre canon Krupp.

Jusqu'à onze heures, les régiments anglais défilent à l'horizon. Des Maxims et une batterie de canons de campagne ont été mis en batterie contre nous.

Entre les deux lignes boër et anglaise, un troupeau de spring-bocks coure affolé sous les obus. Les pauvres bêtes finissent par se diriger vers une région plus tranquille et disparaissent.

Les Maxims tirent trop court. Mais, au bout de quelques instants, les canons de campagne ont réglé leur tir, qui devient assez précis.

Deux shrapnells tirés coup sur coup éclatent au-dessus de nos têtes. Mon voisin de droite reçoit une balle au-dessous de l'œil droit et tombe à la renverse sur moi ; je suis couvert de sang. Il est mort peu après.

Pendant que je lui lavais le visage, je vois le capitaine D*** revenir en boitant. Je vais à lui. Il a été atteint à la hanche par une balle, qui ayant heureusement perdu beaucoup de sa force, n'a pas pénétré. La plaie est sans danger, mais enfle de suite et occasionne un engourdissement de la jambe.

J'applique en hâte le pansement réglementaire dont le capitaine est muni, puis je vais chercher son cheval.

Après son départ, nous retournons au kopje. Des « Mounted Rifles » approchent en nombre ; nous les attendons à cinq cents mètres environ, puis ouvrons sur eux un feu sérieux, soutenu par les deux Maxims.

Ils filent rapidement, laissant une dizaine des leurs sur le terrain. Nous faisons quatre prisonniers. Ce sont des matelots qui ont été montés, des enfants de vingt ans à peine.

A cette tentative succède une accalmie.

Vers quatre heures, le feu de l'artillerie redouble, précédant une violente charge des fantassins qui ont été concentrés à l'abri des batteries de campagne.

Cette charge est simultanée avec celle qui a lieu sur notre aile gauche. Sur toute la ligne et des deux côtés le feu est très violent.

Quoique terrés derrière nos rochers, nous perdons pas mal de monde.

Les Anglais se font tuer d'une façon admirable.

Trois fois, à découvert, ils reviennent à la charge, malgré la fusillade qui fait de nombreux vides dans leurs rangs. A la nuit tombante ils sont près de nous.

Je retrouve le colonel de Villebois qui vient faire reposer sa troupe dans un petit bois situé derrière un kopje sur le bord de la Modder-river. Nous n'avons pas mangé depuis la veille.

A huit heures, arrive l'ordre de la retraite générale. Nous sommes avertis qu'un mouvement tournant est tenté contre nous.

Le soir, le général de la Rey télégraphiait :

« Les Anglais s'avancent près de nos positions dans deux directions différentes. Ils ont commencé à bombarder celle du général Sellier, puis ont continué par des feux de mousqueterie.

» Nous avons eu à subir un violent combat, de neuf heures du matin jusqu'au coucher du soleil.

» Les fédéraux ont lutté en véritables héros.

» Ils ont rejeté trois fois les masses des Anglais, qui, chaque fois, nous opposaient des troupes fraîches.

» Chaque tentative a été repoussée, et au coucher du soleil, quarante mètres seulement nous séparaient des Anglais. Ceux-ci ont fait de grandes pertes : nous n'avons pas le relevé des nôtres. Un rapport suivra à ce sujet. »

Nous saurons par la suite que l'armée entière de Roberts était là, soit quarante mille hommes, et qu'il en a engagé plus de douze mille. Nous avons perdu trois cent quatre-vingts hommes sur neuf cent cinquante environ.

Nous partons rapidement à huit heures et demie vers Blœmfontein, emportant sur des trolleys à mules, les prisonniers et les blessés.

Vers onze heures, nous passons à quelques centaines de mètres des avant-postes anglais, qui sont signalés sur notre droite.

A trois heures du matin, nous arrivons au « Store » où l'avant-veille nous avions bivouaqué. Nous laissons paître nos chevaux dans un champ de maïs, et nous prenons un peu de repos.

Vers cinq heures, nous recevons des feux de salve à grande distance...

— *Obsal!...*

Mais mon cheval boite jusqu'à terre du membre antérieur droit... je cherche à lui bander la jambe avec les débris d'un vieux gilet... Impossible!... il ne peut plus se traîner.

Je suis obligé d'en... trouver un, qui est en train de paître par là.

Cela semble devenir une habitude. Me voilà avec une chienne trouvée qui me suit consciencieusement, et sur un cheval également trouvé!... Mais c'est la lutte pour la liberté!

Et puis, c'est tellement dans les habitudes des Boërs! Je citerai un de mes camarades au détriment duquel on a « trouvé » (cela s'appelle *obtail*) une demi-douzaine de chevaux...

Du reste, je n'ai pas fait une remarquable « trouvaille ».

Enfin, nous arrivons à Blœmfontein vers trois heures de l'après-midi.

Nous rencontrons des Anglais et des Anglaises l'air épanoui, en toilettes claires, le sourire aux lèvres, qui, en voitures, vont au-devant des vainqueurs. Néanmoins, ils ne sont pas agressifs; car ils voient à nos silhouettes rébarbatives que toute exhubérance déplacée pourrait leur occasionner quelque ennui.

Nous retrouvons notre convoi à l'entrée de la ville, et nous la traversons pour aller camper à l'est.

Pauvre capitale! Quel affolement! Quel désordre! Les magasins sont hâtivement fermés. Des hommes, des cavaliers, des voitures, se croisent en tous sens, tandis que les deux rues principales sont encombrées par une interminable file de chariots à bœufs.

Sur la place du marché, sous les halles, une ambulance improvisée soigne les blessés.

Sur les portes des maisons, des femmes, des enfants, dont les regards semblent interroger : « Où sont-ils? »

VI

Nous repartons le 12, à trois heures du matin. Il n'y a plus un Burgher. Tous sont remontés dans la direction de Wynburg et de Kroonstad.

Le 13, nous sommes au pont de la Modder-river.

Nous nous établissons dans une ferme abandonnée, et nous faisons un sort à quelques canards, qui, sans nous, seraient peut-être morts de faim... ce qui est un supplice affreux, dit-on.

Des reconnaissances sont envoyées. Au bout d'une heure, tout à coup, les Anglais sont signalés. Nous sautons sur la voie, et un retranchement en traverses est établi en dix minutes.

Le colonel est à droite, Bréda à gauche, dans un petit bois avec une vingtaine d'hommes.

Je suis au centre avec le reste. Mais les Anglais se tiennent à distance, et puis s'en vont.

Vers midi, nous repartons du côté de Brandfort, où doit être notre convoi, qui a marché jour et nuit. Il est environ quatre heures et demie quand nous parvenons en vue du village.

A notre gauche, un nuage de poussière, puis deux « dispeach-riders » à bicyclettes nous dépassent à toute allure : The Lancers!

Nous filons d'un temps de galop pour gagner les maisons avant eux. C'est une course au clocher. Après une heure, nous arrivons en même temps que la pointe d'avant-garde ennemie qui se replie au galop. Nous cherchons à les poursuivre, mais nos chevaux fourbus ne peuvent lutter.

Nous nous précipitons dans le village, tandis que l'on réattelle vivement nos voitures.

Le colonel nous envoie prendre position pour protéger leur retraite, car il y a deux escadrons de lanciers dans le petit bois à cinq cents mètres du village.

Le landrost[1], craignant des représailles contre

1. Quelque chose comme le maire du village.

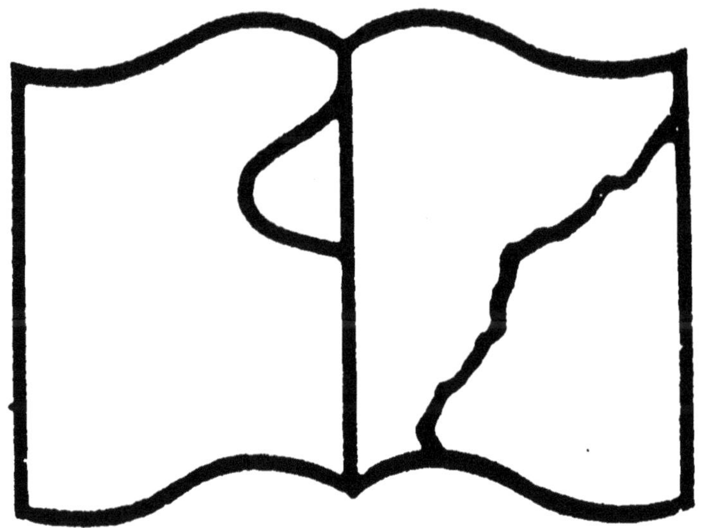

Texte détérioré
Marge(s) coupée(s)

Brandfort, vient me supplier de ne pas tirer.

Sur l'alternative que je lui laisse, de se taire ou d'être fusillé, il préfère se taire, et je ne le revois plus.

Pendant ce temps, C*** et Michel font descendre un canon qui est embarqué sur un truc à la gare. Les artilleurs affolés refusent tout service.

Mais les Anglais, ne sachant pas au juste combien nous sommes (vingt-cinq à peine) n'osent pas nous attaquer, et nous pouvons partir pendant la nuit.

Le point de concentration est Kroonstad, nouvelle capitale du Free State.

Nous sommes à Wynburg le 15. Nous quittons la ville le 16 au matin, par le dernier train, incendiant la gare et détruisant les réservoirs d'eau. Installés confortablement dans un train que nous avons constitué, nous nous voyons envahir à Smaldeel par tout un commando... Six hommes par compartiment, avec six selles, six brides, six fusils, six manteaux, une douzaine de couvertures, et une vingtaine de colis... Ouf!

1 2 3 4 5
6 7

LES CAMARADES DE TENTE. KROONSTAD. (MARS 1900.)

[illegible] 5. Couves. 6. Michel. 7. Mortasseigne.

Et ces braves Burghers, qui fument tant qu'ils peuvent, n'ont pas la moindre idée de la civilité puérile et honnête. Ils sont d'une familiarité extraordinaire, mais ne s'étonnent heureusement pas, si, gagné par l'exemple, on leur rend la pareille.

L'un deux, pour se « caler » et s'assurer une plus grande stabilité pendant son sommeil, met son pied, et quel pied! dans la poche du veston de C*** qui, tout de suite mis à l'aise par ce procédé, n'hésite pas, pour ajouter au confortable de sa situation, à glisser pareillement son pied dans le gilet de son sympathique vis-à-vis. Le groupe est d'une fraternité touchante. Et ils ont dormi comme cela pendant une dizaine d'heures.

Seulement à chaque arrêt brusque du train, le ventre rebondi du brave burgher faisant frein, amortissait pour mon ami la violence des secousses.

Mon vis-à-vis — j'allais dire mon adversaire, — beaucoup plus correct, se contente de me mettre un sac sur les genoux et une caisse sur les pieds... Que c'est beau la simplicité des mœurs rustiques!

Enfin, nous arrivons à Kroonstad le 17 mars, et nous y établissons notre camp. Nous profitons de ce séjour pour inculquer à nos boys des notions diverses.

D'abord, par suite de notre réunion avec d'autres camarades, notre domesticité a pris des proportions effrayantes : nous avons l'air de marchands d'esclaves.

Le plus grand s'appelle John, c'est aussi le plus paresseux. Il me paraît avoir un amour immodéré pour les tiges de bottes dont il se plaît à orner ses mollets.

Le second s'appelle aussi John : c'est un des meilleurs; nous l'avons baptisé « Cook », eu égard à ses fonctions.

Un vieux fourneau, découvert dans une maison incendiée, lui donne un air tout à fait respectable quand il prépare nos repas.

Le troisième s'appelle Charley. Très intelligent, excellent « driwer » de mules, mais profondément canaille.

Le quatrième, qui est chocolat, est bon à garder les mules au pâturage. Il s'appelle « Beguini », ce qui veut dire « petit ».

Le cinquième n'est pas bon à grand'chose.

QUELQUES VOLONTAIRES. KROONSTAD. (MARS 1900

Mais il aime bien son maître, P***, un sympathique survivant du « fort Chabrol ».

Enfin, le sixième n'est à personne. Mais voyant ses pareils pas trop malheureux avec nous, il s'est incrusté dans notre cuisine et ne sert ni plus ni moins que les autres, plutôt moins. Nous l'avons baptisé : « l'Invité ».

La Walsh-river, rivière très remarquable parce qu'il y a de l'eau dedans[1], passe à Kroonstad; et nous charmons nos loisirs par le plaisir de la pêche... occupation bucolique.

Tout le gouvernement est réuni à Kroonstad. Les deux présidents, les généraux, les attachés militaires et le colonel de Villebois-Mareuil assistent aux conseils.

On semble vouloir s'arrêter à des mesures énergiques. Une loi martiale, édictant la peine de mort contre les déserteurs, est votée et publiée.

Elle ne sera malheureusement jamais suivie d'effet.

La confiance est un peu ébranlée; et le Pou-

1. Beaucoup de rivières sont desséchées pendant l'été.

voir exécutif commence à comprendre que celui qui leur indiquait si exactement les conséquences de leurs fautes, pourrait peut-être y apporter le remède.

Et le 20, le colonel de Villebois-Mareuil est nommé vecht-général, et tous les Européens placés sous son commandement

Mais, à peine ce décret intelligent et juste est-il signé, que la jalousie, l'orgueil, la crainte de voir un étranger réussir là où ils ont échoué ressaisit les Burghers, et les ordres de concentration ne seront jamais mis à exécution.

Il est bien regrettable que des sentiments, si nuisibles au bien de la cause, aient privé le Gouvernement des services inappréciables qu'aurait pu rendre un corps de quinze cents ou deux mille Européens décidés, tous anciens soldats, sous les ordres d'un homme de la bravoure, de la science et de la valeur du général de Villebois-Mareuil.

Néanmoins, de leur plein gré, deux cents hommes environ, de toutes nationalités, gagnés par la confiance qu'un chef aussi autorisé savait inspirer, viennent se ranger sous ses ordres.

Il organise l' « European Legion ».

QUELQUES HOMMES DU "FRENCH CORPS" DU COLONEL DE VILLEBOIS-MAREUIL. (MARS 1900.)

Elle comprend les deux pelotons du « French Corps », un corps hollandais et un corps allemand.

Tout ce que demande le général de Villebois lui est promis : mais rien n'est tenu.

Son plan consiste surtout dans l'exécution de raids semblables à ceux qui illustrèrent la guerre de Sécession.

Le 20, il nous adresse cette proclamation vibrante ainsi qu'à ceux qui sont un peu dispersés :

« Aux légionnaires qui m'ont connu leur camarade.

» Officiers, sous-officiers et soldats!

» Je sais que vous ne m'avez pas oublié et que nous nous comprenons mutuellement, c'est pourquoi je vous adresse cet appel.

» Il y a ici un peuple d'hommes de valeur que l'on veut dépouiller de ses droits, de ses biens et de ses libertés pour donner, par sa chute, satisfaction à quelques capitalistes.

» Le sang qui coule dans les veines de ce peuple est en partie du sang français.

» La France par conséquent lui doit une manifestation quelconque d'assistance.

» Vous êtes des hommes que leur tempérament de soldat, en dehors de toutes les grandes obligations de nationalité, a réunis sous le drapeau de ce peuple. Puisse ce drapeau apporter avec lui la meilleure des réussites!

» Vous êtes pour moi le type accompli d'une troupe qui attaque et qui ne connaît pas la retraite! »

Devant l'attitude peu sympathique de plusieurs généraux auxquels son nouveau grade porte ombrage, il veut se hâter de frapper un grand coup.

Sans attendre la complète formation de la Légion, il nous fait préparer un corps de cent hommes qu'il complète avec vingt-cinq afrikanders sous le commandement du field-cornet Coleman; et dès l'arrivée de la voiture de dynamite qui doit le suivre, il part le 24, à huit heures du soir.

Les derniers ordres qu'il me laisse sont :

Me tenir prêt avec les hommes qui restent, soit une centaine, plus les nouveaux arrivés, pour samedi prochain 31 mars;

Toucher des chevaux et des vivres.

Le 31 il reviendra, et m'indiquera la seconde partie de l'opération qu'il commence aujourd'hui.

Le secret le plus absolu est gardé sur le but qu'il se propose; et à la question de Bréda sur la direction qu'il compte suivre, il répond : « A droite ! »

Le pauvre général est très nerveux, et, le 23 mars, veille de son départ, il télégraphiait à un ami, qui, blessé, rentrait en France : « au moins, vous êtes fixé sur votre sort, tandis que moi je ne sais ce qui m'attend! »....

Quelque sinistre pressentiment, peut-être? En tout cas, quelle tristesse dans cette courte phrase! Je ne dis pas : *découragement*, car il est des cœurs fortement trempés, inaccessibles à ce sentiment, et le général de Villebois était de ceux-là.

Deux jours après son départ, dans la soirée, un de mes hommes revient; son cheval fourbu l'a laissé en route.

Leur marche a été très rapide, n'accordant que quatre heures de repos par nuit et autant dans la journée, en deux fractions. Néanmoins, après trente-six heures de marche ainsi menée, cet homme, démonté et séparé de la colonne, a pu trouver un cheval dans un kraal et il est rentré à Kroonstad en deux heures.

Où donc le guide les avait-il conduits?

Si j'avais pu avoir une communication quelconque avec le général, je l'aurais averti de suite; mais il n'y avait pas à y songer. Le 31, aucune nouvelle; le 1, 2, 3 avril, rien. Le 4 avril, après avis du colonel Maximoff, le détachement se transporte à Brandfort.

Nous ne savons à quoi attribuer ce retard dans le retour de nos camarades; mais en campagne, les retards sont si fréquents, il y a tant d'imprévu, que notre inquiétude n'est pas bien vive.

Le train spécial qui nous transporte à Smaldeel comprend cinquante-trois wagons. C'est ce qui a été nécessaire pour embarquer chevaux, fourgons et hommes.

La voie est coupée à partir de Smaldeel, et il faudra rejoindre Brandfort par la route.

Brandfort a été occupé quelques jours par les lanciers, qui se sont ensuite repliés. Maintenant ce village est le centre des généraux de la Rey, Kolby et Smith.

Nous y arrivons le 7 avril à huit heures et demie du matin.

Dans l'après-midi, une dépêche est affichée annonçant que le général Christian de Wett, qui opère à l'est de Blœmfontein avec son frère Piet, est arrivé dans les environs de Sannah'post, coupant l'eau à la garnison de Blœmfontein, et enlevant 375 hommes, sept canons, mille mules et cent quatre voitures.

Puis, trois jours après, le 4 avril, à Dewetsdorp, il prend encore 439 prisonniers et douze voitures.

C'est pour lui le début de cette campagne de razzia et de surprises que depuis, sans trêve, il mène, étonnant par son audace, les plus audacieux eux-mêmes, et déroutant par la rapidité et l'imprévu de ses mouvements les combinaisons les plus savantes élaborées pour le prendre...

Broadwood, Rundle, Hunter, Kitchener lui-même, ont été obligés de renoncer à sa poursuite, et d'attendre que la Fortune, par une infidélité d'un jour, remette le vaillant burgher entre leurs mains.

Nous avons retrouvé le landrost de Brandfort, maintenant plus chauvin que jamais. Néanmoins, il paraît un peu gêné quand il nous rencontre.

Le 7 avril, jour même de notre arrivée, nous faisons avec quatre hommes une reconnaissance dans la direction du sud.

En sortant des lignes boërs, nous rencontrons un homme qui, nous entendant parler français, vient nous dire : « Bonjour! » La conversation s'engage, et il paraît prendre grand intérêt à toutes les nouvelles d'Europe.

Enfin il nous dit qu'il est Belge. Puis, tout à coup :

— Mais vous avez eu la guerre avec l'Allemagne, pour une fois?

Et la guerre de 1870 est pour lui une nouveauté, car il est dans le Veld depuis 1867.

Au moment où nous allons le quitter, il se ravise, et demande :

— Est-ce que « Liopold » est toujours sur le trône chez nous, savez-vous?

Après l'avoir rassuré sur la santé et même la verdeur de son souverain, nous continuons notre reconnaissance, un peu rêveurs de voir cet homme qui a rompu à un tel point avec la civilisation et la vieille Europe.

Les positions anglaises sont en vue de Brandfort, sur Tabel Kop et Tabel Berg, de l'autre côté de la plaine qui s'étend au sud-ouest de la petite ville.

Vers cinq heures du soir, nous essuyons quelques feux de salve, qui, tirés précipitamment, restent sans résultat. Mais notre but est atteint, nous savons que les positions ennemies s'étendent loin au sud.

Le 8 est un dimanche. Dans la soirée, je reçois par télégramme cette communication du président Steijn.

« Le landrost d'Hoopstad envoie la dépêche suivante : « Le field-cornet Daniels rapporte
» que les troupes sous les ordres de Methuen
» à Boshof ont marché vers Hoopstad, et j'ai
» reçu de Methuen la lettre que je vous com-
» munique plus loin. Le noir qui a apporté
» cette lettre raconte qu'il y a eu un combat
» avec le général de Villebois dans les environs
» de Boshof, qu'il y aurait dix tués de notre
» côté, et quinze du côté de l'ennemi, dont un

» officier supérieur; mais que tous les nôtres
» auraient été faits prisonniers. Le field-
» cornet Daniels suppose que l'ennemi va
» marcher sur Christiana et Hoopstad et de là
» sur Kroonstad.

» Quartier général de Swartz Kopjefontein, 8 avril 1900.

» Au commandant du laager du Free State.

» Monsieur, j'ai l'honneur de vous adresser copie de la proclamation de lord Roberts au Free State, vous faisant connaître les conditions pour que vous déposiez les armes.

» Il y a deux jours la légion étrangère est tombée entre mes mains, et son chef, le général de Villebois, a été tué.

» De tous côtés, l'armée anglaise avance, et je vous prie de considérer le sens libéral des conditions qui vous sont offertes, et qui plus tard ne sauraient être les mêmes.

» J'ai l'honneur d'être, Monsieur, votre obéissant serviteur.

METHUEN.

Lieutenant-général commandant la dixième division.

Cette dépêche est pour nous un coup de foudre. L'inquiétude causée par le retard du général n'allait pas jusqu'à nous faire prévoir une telle catastrophe. Le doute n'est cependant pas permis. « *Two days ago the foreign legion was taken prisoners by me and their general Villebois was killed...* » dit la dépêche.

Le soir même, deux reconnaissances partent; la première, vers Tabel Kop, revient dans la matinée avec un blessé. La seconde, sous le commandement de Wrangel, se dirige sur Hoopstad. Elle ne peut revenir avant quelques jours.

Le 9, on fait l'inventaire des effets appartenant au général, à Bréda et à nos pauvres camarades; et le tout, réuni en ballot, sera envoyé à Prétoria.

Le même jour m'arrive la dépêche suivante du colonel Gourko.

« Monsieur Thomson se joint à moi pour vous exprimer notre profonde douleur à l'occasion de la cruelle perte qui vous frappe dans la personne du colonel de Villebois-Mareuil, soldat vaillant et chef distingué. »

Cet hommage des attachés militaires russe et

hollandais, rendu à la mémoire de notre grand compatriote, nous touche profondément.

Le 10, les hommes de Ganetzki ont à enregistrer la perte de l'un d'eux, tué dans une reconnaissance. Le comte Ganetzki a eu son heure de célébrité parisienne aux côtés de la belle O...

Le 11, j'ai une dépêche de Wrangel :

« Je suis arrivé ici (Hoopstad) avec six hommes, à cinq heures trente du soir. Les Anglais sont à Knappiesfontein à une heure et demie de Boshof. Il n'y a pas de Burghers à Hoopstad. Je prendrai demain matin la route de Boshof, et vous rendrai compte plus tard. J'attends ici vos ordres. »

Je communique aussitôt cette dépêche au général P. Botha. D'après lui, les environs d'Hoopstad doivent être occupés par les Burghers, et les Anglais marcheraient sur Smaldeel pour couper la voie (12 avril).

Les faits lui donneront tort, mais je pourrais lui tenir plusieurs heures de discours sans changer un iota à sa conviction.

Le canon a tonné toute la soirée, très loin,

sans qu'il soit possible d'en déterminer la direction.

Le 13 avril, le commandant de la Rey, frère du général, est nommé au commandement honoraire de la Légion européenne, — « honoraire » car il ne peut agir que suivant l'avis des chefs des différents corps. Le Rittmeister Illich pour les Austro-Hongrois, le capitaine Lorentz pour les Allemands, et moi pour les Français.

Une dépêche officielle annonce que le général de Villebois a été enterré à Boshof avec les honneurs militaires. Lord Methuen assistait à la cérémonie, et les prisonniers de la Légion y étaient représentés. Une oraison funèbre a même été prononcée, à laquelle Bréda a répondu.

Il y aurait eu au combat du 5 avril onze tués, dont le général, et cinquante et un blessés, sur soixante-dix-huit. Les autres faits prisonniers.

Pâques 1900. 14 avril. — Une seconde dépêche de Wrangel, datée de Hoopstad, me rend compte :

« 1° Par renseignement de Braschel (ancien lieutenant d'artillerie allemande), dix mille hommes et sept cents cavaliers marchent de

Boshof sur Bultfontein. Il a compté trente-six attelages d'artillerie, canons et caissons.

» 2° Sept cents Burghers environ sont à Landslaagte. »

Le 16, nous montons à cheval à midi avec tous les hommes disponibles pour rejoindre Kolby...

Ce bon général, le meilleur des hommes que la terre ait porté, n'a jamais fait, je crois, d'invention sensationnelle.

Il nous regarde arriver, enchanté, le sourire aux lèvres — il a toujours le sourire, — nous reçoit très aimablement et... demande ce que nous venons faire ?

Il n'a reçu aucune instruction à notre sujet : mais au fond, il lui est très égal que nous couchions là ou ailleurs ; alors nous restons. Nous recevons consciencieusement un véritable déluge toute la nuit, et le lendemain à quatre heures du matin, on part prendre position avec les commandos de la Rey, Botha et Kolby.

Nous sommes environ mille à douze cents Burghers, avec deux canons du Creusot, un Krupp, un Nordenfeld.

A quatre heures et demie du soir, l'ordre de regagner les camps respectifs est donné.

Nous y arrivons à dix heures du soir.

Le 18, la pluie est toujours torrentielle.

Enfin à la nuit, vers neuf heures, la reconnaissance de Wrangel rentre.

Je veux laisser toute sa saveur au récit que me fait Meslier, un de ses hommes.

« Partis le lundi soir 9, par une marche très rapide et dissimulée sur Hoopstad, nous avons d'abord suivi à travers veld la Védule du sud au nord, puis la Vet-river. Nous avons passé les rivières sans gué, traversé un pays sans route ni sentier, à travers la brousse inextricable qui garnit les rives des cours d'eau.

» Sur dix chevaux choisis, deux sont morts à la tâche, et trois hommes épuisés sont restés en route. L'un d'eux est entré à l'hôpital de Smaldeel.

» Nous sommes arrivés le mercredi 11 à cinq heures du soir à Hoopstad, et nous avons couché au « President Hotel » dont le propriétaire est allemand.

» Je suis parti le lendemain 12 à six heures

du matin avec Braschel et Brostolicky, nous dirigeant vers Boshof. Les Anglais, après avoir pris la direction de Bultfontein, suivant la dépêche du 15, sont retournés en grande partie vers Boshof. Nous avons couché le soir à Landslaagte, où est campée la Johannesburg-Politie. Ils sont deux cents environ, et attendent un renfort de trois cents.

» Nous repartons le 13 au matin, et nous bifurquons, Braschel allant avec son camarade vers le camp du commandant Kronje (frère du général pris à Paardeberg), moi continuant ma route vers Boshof.

» Je passe vers midi à Dreifontein qui était supposé occupé par les Anglais. Les habitants de la ferme me disent que lorsque le colonel de Villebois est arrivé, il y avait plusieurs jours qu'un corps anglais était dans les environs, et semblait attendre.

» Les gens de la ferme ont entendu, disent-ils, la bataille, qui a duré près de quatre heures, et ont aidé à ramasser les morts et les blessés.

» Parmi les nôtres, tués, ils en ont remarqué un qui avait un mouchoir autour de la tête et un grand nez. Un autre avait une très longue barbe.

» Puis, vers une heure, je suis arrivé à Muyfontein où était un petit poste d'une trentaine de « lancers » commandés par un officier.

» J'ai obliqué à l'est, et suis arrivé à proximité de Boshof, vers quatre heures et demie.

» Boshof est très occupé. On voit distinctement, des kopjes voisins, les Kakhis circuler dans le village. J'ai contourné Boshof, et suis arrivé à Kopjefontein au sud-ouest.

» Là, j'ai été fortement distrait par les sifflements insolites venant de huit cents mètres, et la poursuite d'une vingtaine de lanciers qui a duré près de trente-cinq minutes.

» J'ai repris le chemin du retour à la ferme de Rothsplaats, où j'ai passé la nuit.

» J'avais attaché mon cheval à un chariot et m'étais couché sous un arbre, quand, tout à coup, vers dix heures, huit maraudeurs débouchent du sentier. Ne m'ayant pas vu, les uns s'installent dans la ferme, tandis que les autres poursuivent un jeune porc, qui, affolé, s'approche en fuyant du coin où je m'étais embusqué dans l'ombre. Mais heureusement il change d'idée, et repart dans une autre direction. Finalement, à ma grande satisfaction, il est pris, et tous rentrent dans la ferme. Ils y restent deux heures environ, puis s'en vont.

» Je reprends ma route à quatre heures du matin, et j'arrive à huit heures à Landslaagte où je retrouve la Johannesburg-Politie.

» Puis, je rencontre, entre Landslaagte et Driefontein, Cronje avec deux mille hommes environ, un canon Krupp et un Nordenfeld. Son intention est d'attaquer Kopjefontein. Je lui rends compte de ce que j'ai vu, et repars sur Hoopstad; mais mon cheval épuisé tombe à quatre heures de la ville. Je suis obligé de coucher dans une ferme, et ne puis rentrer à Hoopstaad que le dimanche 15 dans l'après-midi. Nos chevaux sont tous les sept hors d'état. Nous en demandons au landrost, qui refuse. Wrangel télégraphie alors directement au président Steijn, qui envoie par dépêche l'ordre de nous donner tout ce que nous demandons.

» Nous prenons donc d'excellents chevaux et quelques vêtements fort nécessaires, car trois jours à travers les épines et la brousse qui longe la Vet-river, nous ont mis absolument en loques.

» Ces pourparlers et un peu de repos ont occupé le lundi et le mardi. Nous sommes repartis le mercredi à une heure et sachant la route sûre, nous sommes passés par Bultfontein, effectuant ce retour en un jour et demi.

» A Hoopstad, on nous dit avoir remarqué, lors du passage de la troupe Villebois, la gaieté du général qui a fait jouer du piano toute la soirée, et la tristesse de Bréda. »

Ces derniers mots ravivent tous nos regrets. Autant le général était le chef vénéré et brillant, autant Bréda était l'ami dévoué, le bon camarade au jugement sûr, aux relations charmantes.

. . . .

De ce rapport, se détachent quelques faits difficilement explicables. Nous les groupons ici avec ceux qui nous sont parvenus d'autre source.

1° Wrangel et ses hommes, partis le 9 au soir de Brandfort, arrivent le 13 à midi à Dreifontein — soit quatre nuits et trois jours et demi. — Le général, sous la conduite du guide afrikander, ne couvre la distance équivalente qu'en douze nuits et onze jours : du 24 mars au soir, au 5 avril au matin. Or, l'irrégularité et la longueur de cette marche sont en désaccord absolu avec le but que se proposait le général, les dates que lui-même avait fixées, et la rigueur des étapes qu'il imposait à ses hommes.

2° Les nombreuses défections des Afrikanders et Hollandais, gens parlant la même langue.

3° Enfin, coïncidence grave, toute une brigade anglaise, qui, le coup fait, s'est retirée, est venue attendre au passage cette troupe, dont l'itinéraire avait été gardé tellement secret que le guide seul devait exactement le connaître.

Ce fait est confirmé par le récit suivant, que j'ai eu d'un officier anglais qui avait assisté au combat :

Le colonel, se voyant entouré au petit jour, après avoir marché toute la nuit, prit position sur un kopje près de la ferme de Driefontein. Le feu d'artillerie commença immédiatement, ouvert par la batterie n° 4 du Royal Field Artillery.

Durant quatre heures de combat, on vit le colonel debout, se promenant de long en large, encourageant l'un et l'autre, et indiquant les buts de tir.

Sa mort fut suivie de la reddition de ses hommes décimés.

Le colonel portait la tenue qu'il mettait pour les expéditions et les jours de bataille : chapeau brun, relevé sur le côté par un écusson aux armes du Transvaal. Une ancienne tunique noire, d'ordonnance, dont les boutons de métal avaient été remplacés par de larges boutons noirs plats. Une culotte de velours à côtes, marron, et des bottes de chasse lacées devant et bouclées sur le côté. En sautoir, son revolver d'ordonnance, et, à la ceinture, un étui de cuir jaune contenant : chronomètre. baromètre et boussole. Le colonel portait toujours des gants de peau brune, et à la main un stick de bambou.

Sans preuves absolues, sans le témoignage de mes camarades, les quelques survivants étant prisonniers à Sainte-Hélène, je ne veux pas encore exprimer la triste pensée qui, pour moi, est devenue une conviction intime; mais en voyant disparaître ce chef vénéré, « le La Fayette de l'Afrique du sud », comme l'appelait l'un des généraux les plus éminents de l'armée française, puis-je oublier les déceptions qui l'ont abreuvé depuis six mois, les jalousies qui l'ont poursuivi, les mauvais vouloirs qui ont entravé toutes ses initiatives intelligentes et hardies?

Et ces souvenirs me reportent au jour où, devant Kimberley, le colonel reçut de France une petite médaille d'or, qu'il me montra avec émotion et fierté. Elle portait ces mots :

« A un grand Français, les compagnes de sa fille. »

Oui, *à un grand Français!* Car en lui vivaient toutes les hautes pensées de devoir, d'abnégation, toutes les nobles vertus qui font un grand chef et un grand patriote.

C'était un Homme et un Soldat!

Il me paraît aussi intéressant de consigner ici le récit que mon camarade et ami de Bréda, retour de Sainte-Hélène, me fit du combat du 5 avril. Il se refuse à croire à une trahison, mais néanmoins, il ne peut expliquer certaines coïncidences bizarres.

« Nous sommes partis, comme vous le savez, me dit-il, le 24 mars au soir.

» Notre guide commence par se perdre pendant la première nuit et le premier jour (ce qui confirme le récit de mon homme revenu en deux heures après trente-six heures de marche).

» Enfin nous arrivons à Hoopstad; là un groupe important de Hollandais refuse de marcher en avant.

» Le général, décidé à continuer avec les Français seuls, fait prendre les noms des Hollandais fidèles. Par un revirement subit, la plupart souscrivent, et l'on part sur la route de Boshof.

» A la ferme de Driefontein, un messager vient chercher le général pour une communication des plus importantes, qu'un haut personnage doit lui faire à Hoopstad. Il s'agit d'un concours très sérieux pour la formation d'une légion nombreuse.

« Le projet tient à cœur au général, qui me laisse à la ferme de Driefontein avec le détachement, pendant qu'il retourne à Hoopstad pour s'entendre avec l'envoyé.

» Il revient au bout de trois jours, et la marche vers le sud est reprise.

» Le général suppose que dans Boshof il peut y avoir deux ou trois cents hommes, et, sur cette assurance, un commando boër fort de deux cents hommes environ s'est joint à nous.

» Mais le 4, un renseignement annonce que Boshof est beaucoup plus fortement occupé, et peut contenir huit à dix mille hommes.

» Le général, croyant à une histoire inventée par les Burghers pour donner un prétexte à leur défection — qu'ils signifient du reste immédiatement — veut passer outre, et continue sa route.

» Nous arrivons dans le voisinage d'une ferme, où, paraît-il, les officiers anglais de Boshof viennent le dimanche en pique-nique.

» Le général s'en éloigne un peu, et s'arrête auprès d'un petit kopje. On desselle les chevaux que l'on envoie pâturer, et les hommes fatigués s'endorment.

» Je demeure à causer avec le général de Villebois, quand tout à coup nous apercevons quelques cavaliers.

» — Des Anglais !

» Je pars réveiller les hommes, sans bruit, car nous comptons bien surprendre la petite reconnaissance.

» Ils sont si peu nombreux, que les chevaux sont laissés dans la prairie...

» Ils approchent. Mais tout à coup, plus loin, derrière eux, une longue colonne de kakhis se détache.

» Il ne s'agit plus de surprendre une patrouille, il faut se défendre.

» On ne peut songer à rattraper les chevaux dispersés...

» Le général d'un coup d'œil a jugé la situation très grave.

» Il dispose ses hommes sur deux petits kopjes, les Hollandais sur l'un, les Français sur l'autre, et demeure avec ces derniers.

» Chacun a sa place assignée, son rocher à défendre.

»Et la bataille s'engage, acharnée, sans espoir.

» Pendant trois heures nous ripostons de notre mieux à la fusillade intense qui a fait déjà bien des vides parmi nous.

» Les Hollandais ont, dès le début, levé le drapeau blanc, et se sont rendus.

» Deux ou trois d'entre eux, fourvoyés parmi les Français, viennent demander au général de Villebois de se rendre.

» Celui-ci leur indique du doigt le kopje où les autres ont déjà mis bas les armes.

» — Ici, on ne se rend pas! dit-il.

» Cependant peu à peu, les premiers abris ont été abandonnés et les hommes ont reculé de quelques rochers...

» Le général s'en aperçoit :

» — Reprenez les premières positions! ordonne-t-il.

» Les balles tombent en grêle... il y a un moment d'hésitation.

» — Voulez-vous que j'y aille? s'écrie alors le chef qui s'avance.

» Mais un brave a bondi : c'est Frank, qui s'est déjà distingué à Abrahamskraal.

» La carabine brandie dans un grand geste, il a crié : Vive la France!

» A l'instant il est frappé de deux balles et tombe.

» Mais l'élan est donné, les emplacements repris.

» Cependant de tous côtés, les kakhis approchent... ils mettent baïonnette au canon, et s'élancent à l'assaut...

« Soudain, le général s'affaisse sans dire une parole... Il est mort.

. . . .

Quelles que soient la force et la vigueur d'un homme, lorsque l'âme s'envole, le corps inerte tombe... Le général de Villebois était l'âme de la Légion!

Aussi, lui mort, les survivants se rendent, après quatre heures d'héroïque défense.

Sur vingt-sept Français, le général, Le Gilles, Robiquet sont morts. Bardin, Bernard, Frank et dix autres sont blessés.

Des officiers anglais nous dirent que depuis plusieurs jours, ils étaient prévenus de l'arrivée de cent Français à Hoopstad, ce qui confirme le récit des fermiers de Driefontein.

Le comte de Villebois, un des plus jeunes colonels de l'armée française, avait été, comme sous-lieutenant, grièvement blessé à l'armée de la Loire en 1870. Sa conduite lui avait valu à vingt ans la croix de la Légion d'honneur.

Je consigne ici, comme un hommage touchant, l'ordre du jour que le colonel de Nadaillac adressa à son régiment, pour lui apprendre la mort glorieuse de son ancien chef.

« Le colonel de Villebois-Mareuil, qui a eu » l'honneur d'être colonel du 130e, est tombé en

» soldat au Transvaal, la poitrine traversée par
» un éclat d'obus.

» Retraité de bonne heure, sur sa demande,
» il a porté son épée et les ressources de sa
» belle intelligence au petit peuple boër.

» Son âme chevaleresque n'a pu résister à
» ces sentiments de générosité qui ont été si
» longtemps de tradition dans notre belle France.
» Il a voulu défendre le faible contre le fort.

» Saluons respectueusement cette victime
» des plus nobles vertus françaises, ce soldat
» valeureux tombé au Champ d'Honneur.

» Envoyons à l'ancien colonel du 130e notre
» souvenir ému, et à sa mémoire le juste
» tribut de nos patriotiques regrets.

» Que Dieu ait pitié du vaillant qui a quitté
» enfant, amis, fortune, pour défendre l'op-
» primé.

» Mention de la mort du colonel de Villebois-
» Mareuil sera faite à l'Historique du 130e. »

VII

Le 18 on apprend que de Wett, après ses succès vers Taba N'chu et Sannah-Post, est à Wepener où il cerne 2000 hommes des Braban's Horse.

. . . .

Sans ordres, sans nouvelles précises, nous restons encore cinq jours à Brandfort.

Le général de la Rey ne sait pas trop, je crois, ce qu'il veut faire... Pendant qu'il cherche une solution, nous pouvons jeter un coup d'œil sur nos ennemis, et les étudier un peu.

Dans cette campagne, l'armée anglaise a réuni les éléments les plus disparates.

Composée pour la moitié environ de troupes

régulières, l'autre moitié est formée de volontaires, troupes coloniales et contingents de tous pays.

Leur conduite au feu sera très différente, suivant leur provenance.

Tommy Atkins, le régulier, froid, calme, avancera sous une grêle de projectiles, l'arme au bras, le pas cadencé, comme à la parade.

Dédaigneux du danger, la tête haute, il semble dire : « Je suis Anglais... je passe! »

Le colonial au contraire, cow boy, volontaire du Cap, de la Rhodésia ou d'Australie, chasseur par profession, combattra à la façon des Boërs. Il en aura les qualités et aussi les défauts : précision du tir, mais manque de cohésion et de discipline. Tapi derrière un rocher, se glissant derrière chaque abri, comme son adversaire il fait plutôt la chasse que la guerre.

Mais, nombre de miliciens, volontaires de différentes villes, ou yeomens, sont encore beaucoup moins brillants, et vont chercher volontiers dans les prisons boërs un terme aux dangers, aux fatigues et aux privations.

Quelques régiments réguliers, complétés à la hâte par des engagements de la dernière heure, ne seront pas non plus exempts de la honte de quelques capitulations.

Mais ce n'est pas le caractère général de Tommy.

L'Anglais ne sait à peu près rien des choses de la guerre, mais il est brave, très brave.

L'officier, sauf quelques rares exceptions, ignore tout ce qu'un officier doit savoir. Les opérations (?) de Sir Warren, de lord Methuen, de Buller semblent un match de démence.

Le général Buller s'en rend compte lui-même et, du camp de Frère, il écrit le 28 décembre :

« Je suppose que nos officiers apprendront à temps la nécessité de se servir d'éclaireurs; mais, jusqu'ici, nos hommes semblent tomber par hasard au milieu de l'ennemi et en souffrir les conséquences. »

Ces mots, sous la plume du général qui, le 24 janvier, « autorisera » Spion Kop, sont d'une saveur exquise.

Le métier des armes, en Angleterre, est une occupation peu absorbante, mais très élégante, très « sport ».

La guerre elle-même est un sport, qui a

son costume spécial, ses accidents, mais qui, dans l'esprit du soldat, ne doit pas accaparer l'homme. Le fait que nombre d'officiers, en plus de leurs kakhis et leurs dolmans chamarrés, avaient emporté leurs tenues de tennis, de foot-ball, de polo, leurs fracs et leurs smoking, dénote bien cette disposition d'esprit.

Ils pensaient avoir : De sept à huit heures, footing, breakfast; de neuf à dix heures lawn-tennis, et de dix à onze heures, bataille, repos, tub, massage et lunch!

L'officier anglais est un gentleman, d'une correction toujours parfaite, d'une éducation souvent raffinée, extrêmement affable, mais c'est « un gentleman » et non un officier.

La guerre, envisagée ainsi, n'impose à une armée ni grand travail préparatoire ni grands progrès : les Anglais, en effet, en sont toujours restés, pour l'art et la science militaires, à la grande bataille rangée.

Il est juste d'ajouter qu'ils ont aussi gardé le courage tenace et froid, l'indomptable énergie de leur race que nul ne leur a jamais contestés. J'ai vu là-bas des charges magnifiques; mais elles m'ont toujours rappelé le mot du maréchal Pélissier après les charges héroïques de Balaklava : « C'est superbe, mais ce n'est pas la guerre! »

Je ne suis pas anglophile, et le fait de m'être battu huit mois avec les Boërs le prouve suffisamment; mais c'est le devoir d'un soldat loyal de reconnaître les qualités et la bravoure de son adversaire.

Après cette courte digression, reprenons notre inspection de l'armée anglaise.

Leur artillerie semble avoir usé, pendant les premiers mois, jusqu'en mars, de projectiles défectueux, éclatant souvent mal ou pas du tout.

Le tir était long à régler, et presque toujours exécuté coup par coup, rarement par rafales.

Cependant, j'ai vu à diverses reprises des pièces remarquablement servies.

Les chevaux sont splendides et sans cesse renouvelés; durant toute la campagne, ils ont eu cinq à six litres d'avoine par jour.

Leur matériel comporte différents modèles très ordinaires. Ils ne possèdent pas encore de pièces de campagne à freins.

L'artillerie à cheval la « Royal Horse Artillery » est un corps d'élite. Pour faire partie du corps d'officiers, il faut avoir servi quatre ans dans l'artillerie de campagne « Royal Field Artillery » et réunir certaines conditions de fortune.

Leurs canons, des Armstrong de 76^{mm}2, sont dits : pièces de 12 pounds, poids du projectile.

L'artillerie de campagne se sert de canons de 89 millimètres avec obus de 22 pounds, soit respectivement 5^{kg}443 et 9^{kg}979.

Le matériel comporte une fermeture à vis.

Les pièces de montagne, du modèle 1882, se chargent par la bouche.

Les batteries sont à six pièces, sauf celles de « volontaires » qui sont à quatre pièces.

Les obusiers, dont ils ont, même lors de leurs opérations en rase campagne, un certain nombre de batteries (notamment n° 61 à Spion Kop et n° 65 à Paardeberg), sont du dernier modèle Howitzer; ils se chargent par la culasse, et sont construits spécialement pour les tirs sous des angles considérables.

Leurs canons de marine et de siège, attelés de vingt ou trente paires de bœufs, ont pu suivre les troupes d'une façon satisfaisante.

CANON HOWITZER. — ARTILLEURS ANGLAIS.

Les obus à lyddite n'ont jamais produit grand effet. Le bruit est très violent et sec. La fumée, de couleur verte, a des propriétés stupéfiantes : les objets, pierres ou éclats d'obus, atteints par la déflagration, sont également colorés en vert soufre.

Les Anglais mettront en ligne plus de trois cents canons ; et en ajoutant trente-cinq grosses pièces de marine, débarquées et montées sur affûts de siège, et les batteries volontaires « Diamonts Field Artillery », etc., nous arrivons à près de quatre cents bouches à feu.

La cavalerie n'a joué qu'un rôle effacé ; cependant les charges de la division French, à Poplar Grove, ont été énergiquement menées, et ont coûté la vie à deux officiers et à une cinquantaine d'hommes.

La relève de Kimberley, par la même division, a été plutôt un raid d'une rapidité remarquable qu'une action de cavalerie proprement dite.

La façon de se battre des Boërs explique l'impossibilité où se trouvait la cavalerie de jouer un rôle important : le service de reconnaissance était fait par des espions cafres et des irréguliers afrikanders. Les poursuites, d'ailleurs, n'auraient donné, je crois, aucun résultat; car les Burghers auraient immédiatement pris des positions défensives dans les kopjes inaccessibles aux chevaux, et la précision de leur tir aurait vite mis les cavaliers en mauvaise posture.

L'infanterie, pour être plus mobile, a été déchargée de toute espèce d'impedimenta.

La tenue est pratique dans son ensemble.

Le fantassin porte le veston à poches kakhi, en toile l'été, en drap l'hiver, et le pantalon pareil, enfermé dans des bandes de flanelle kakhi, d'un modèle analogue à celles de nos chasseurs alpins.

Leur casque est parfaitement incommode, lourd, disgracieux et abrite mal du soleil.

Un grand manteau gris très foncé, une couverture et une toile de tente caoutchoutée qui, en principe, doivent être portés sur le dos roulés en deux petits paquetages, sont ici transportés par des « trolleys » à mules, marchant à la gauche de chaque compagnie.

L'homme ne porte plus que sa gamelle, sa musette et ses cartouchières. Celles-ci m'ont paru trop grosses et trop lourdes pour être pratiques, mais la gamelle, du même modèle pour l'officier ou la troupe, semble commode, le couvercle formant casserole. Chaque bataillon est suivi d'un petit Maxim, tirant la cartouche Lee Metford.

Enfin la « Mounted Infantry », l'infanterie montée, est, théoriquement, une arme de premier ordre. Pratiquement, elle a ses détracteurs et ses partisans. Je laisse à de plus autorisés que moi la tâche de régler le différend, en constatant toutefois que les Mounted Rifles du colonel Martyr et du général Hutton ont rendu de sérieux services à lord Roberts. Le « Mounted Rifle » a une selle ordinaire de cavalerie, un manteau noir roulé sur les sacoches.

Sa tenue est la même que celle de l'infanterie : veste, culotte et bandes de flanelle. Il est coiffé du feutre du pays.

Il porte deux cartouchières en sautoir, et il est armé du fusil Lee Metford et de la baïonnette courte semblable à celle de nos artilleurs.

La crosse du fusil repose dans une botte suspendue à droite de la selle, tandis que le canon est soutenu, comme une lance, par une lanière de cuir passée au bras droit.

Le Mounted Rifle combat à pied, en tirailleur, les chevaux abrités derrière un pli de terrain.

Le cheval n'est, en somme, po lui qu'un simple moyen de transport rapide.

Ceinturons et buffleteries, sabres, fourreaux et poignées, canons et caissons, ont été peints en kakhi.

Ce serait une omission impardonnable, après avoir énuméré les armes dont disposaient les belligérants, de ne pas dire quelques mots des balles « dum dum ».

S'en est-on servi? Oui, et beaucoup, tant d'un côté que de l'autre.

Et la version que les Boërs n'ont employé que celles prises aux Anglais est inadmissible, car les fusils Mauser, exclusivement employés par le Transvaal, en étaient largement approvisionnés.

Nous allons essayer de décrire les modèles en usage :

1° Section de la calotte de nickel, laissant l'extrémité de la balle en plomb à découvert; le plomb, surchauffé, sort en partie de l'enveloppe, s'écrase au moindre contact et « s'épanouit en fleur » ;

2° Quatre sections longitudinales de l'enveloppe de nickel permettant à la balle de s'aplatir, lors du choc, et à des bavures de plomb de s'échapper par les quatre fentes.

Ces deux modèles, les plus usités, sont en usage pour les munitions Lee Metford et les Mausers.

Les Anglais usent en outre de balles creuses, dont l'extrémité est coupée en section droite.

Les Boërs, de leur côté, ont fabriqué des projectiles non creux, laissant paraître le plomb par une section droite et munis de quatre fentes longitudinales.

Il existait quelques rares modèles de cartouches expansives Lee Metford, creuses et munies d'une amorce de fulminate, mais je ne crois pas qu'il en ait été fait un usage courant.

Il est inutile d'insister sur les effets terribles de ces différents modèles.

J'ai vu un homme avoir tout le dessus de la main emporté, tandis que le trou d'entrée, dans la paume, était de dimension normale.

Durant cette guerre, dans un pays aride, sans

villes, Tommy a eu des jours terriblement durs; habitué au confort des casernes anglaises et aux repas abondants, il était peu entraîné à passer des nuits couché sur la terre, par le froid et la pluie, n'ayant comme lit que des pierres dont le contact froissait ses côtes, et à dîner d'un demi-biscuit!

Maintenant que nous avons « inspecté » l'armée anglaise, voyons un peu ce qu'elle a fait depuis notre arrivée.

D'abord, en Natal.

Au mois de janvier, Ladysmith est toujours assiégé. La garnison, près de dix mille hommes, et les habitants sont décimés par la maladie beaucoup plus que par les quelques obus qu'on leur envoie chaque jour par acquit de conscience.

Les vivres sont rares. La ration d'officier est de deux biscuits et 240 grammes de viande de cheval par jour. Douze œufs valent quarante-huit shillings; douze tomates, dix-huit shillings; une boîte de viande de conserve, trois livres sterling; une boîte de lait condensé, dix shillings; une boîte de confitures, trente et un shillings; un quart de livre de tabac anglais, soixante shillings; et une caisse de douze bouteilles de whisky, deux mille neuf cent quatre-vingts shillings, soit près de trois cents francs la bouteille!

Cependant le journal du siège, *La Lyre*, est encore facétieux. Il publie :

« *Dépêche de Londres.* — Un obus lancé par le *Long Tom* est tombé dans le War-Office.

» Le général Brakenbury a reçu le projectile avec résignation.... Plusieurs réputations ont été avariées.

» Le 2e corps d'armée a été retrouvé dans les cartons du War-Office! »

Pendant ce temps, Buller cherche toujours à passer la Tugela pour secourir Ladysmith.

Sans plan nettement arrêté, sans décision, il court le long de la rivière comme un chat craignant l'eau.

Enfin, il « consent » à ce que Warren attaque Spion Kop.

Il est curieux de voir les quinze mille hommes de Warren (5e division), soutenus par les vingt-cinq mille de Buller, s'engager sans carte, sans renseignements et sans guides.

Le 16 janvier, le lieutenant Flood découvre heureusement un gué où passent deux bataillons; puis le génie est obligé d'attendre l'arrivée des matelots du lieutenant Mazzari pour mettre un bac en service.

A Tritchard-Drift, deux ponts sont construits et toute la division Warren passe.

Le 19, ce général entame un mouvement tournant vers Acton Homes; puis, cette manœuvre au pied d'escarpements occupés par l'ennemi est reconnue trop dangereuse : la division rétrograde vers Tritchard-Drift avec ses convois, plus quatre cent vingt chariots à bœufs destinés à la garnison de Ladysmith.

L'attaque de front, face à l'Est, est décidée pour le 20 janvier.

L'infanterie est engagée à huit cents yards des tranchées des Boërs. Il est trois heures, on va donner l'assaut.

Mais arrive un contre-ordre, dont personne ne s'explique encore les raisons.

Les 21, 22, 23, les Anglais essayeront de gagner quelques centaines de yards.

Clery et Warren constatent leur impuissance, et reportent le point d'attaque vers le Sud-Est.

Dans la nuit du 23, le général Woodgate reçoit l'ordre de s'emparer de Spion Kop.

Le général Woodgate, commandant la 9e brigade, a pris part aux campagnes d'Abyssinie de 1868, des Achantis de 1873, du Zululand de 1879, et dernièrement il commandait les forces anglaises de l'Afrique Occidentale, lors de l'insurrection de 1898.

Il emmène avec lui huit compagnies du 2e bataillon des « Lancashire fusiliers, » six compagnies du 2e bataillon du « Royal Lancaster », deux compagnies du 1er bataillon du « South Lancashire », cent quatre-vingt-quatorze hommes des « Mounted Infantry » de Thorneycroft, et la moitié de la 17e compagnie du « Royal Engineers ».

Puis, on lui adjoint deux bataillons de la brigade Littleton.

A trois heures et demie du matin, après une ascension silencieuse, le lieutenant Andrey, qui commande l'avant-garde, gagne à la baïonnette deux tranchées sur les Boërs du commando de Vryheid, peu nombreux et surpris.

Mais les commandos d'Heidelberg et de Carolina, sous les ordres de Schalk Burgher, arrivent à la rescousse. Entraînés par un commando allemand, et les Italiens de Ricciardi, ils traversent un endroit découvert sous une grêle de balles et d'obus à lyddite, et s'établissent sur l'un des trois éperons que forme le kopje à cet endroit.

Le combat est acharné. De neuf heures à onze heures, trois charges à la baïonnette des Anglais sont repoussées.

Peu à peu, sous le feu terrible des Mausers et des Maxims Nordenfeld, ceux-ci sont obligés de reculer, avant d'avoir reçu des renforts sérieux.

Woodgate est mortellement blessé, et remplacé par le colonel Thorneycroft.

Celui-ci ne reçoit ni ordres, ni instructions, quand il eût été si facile d'établir un poste de télégraphie optique, l'héliographe fonctionnant entre Mont-Alice et Bester Farm. (Redwers Buller et White.)

Sa position est des plus précaires : et sur la décision d'un conseil de guerre réuni à la hâte, la retraite a lieu à la faveur de la nuit.

Et le 25 janvier, à cinq heures du matin, Sir Buller, accouru au camp de Warren, apprend cet abandon qui déroute toutes ses combinaisons.

La retraite générale est ordonnée, et les troupes repassent la Tugela.

Après ce sanglant échec, le général Buller trouve des mots exquis pour rendre compte de ce mouvement.

« Le fait que nous avons pu retirer nos wagons attelés de bœufs et de mulets à travers une rivière large de 85 yards et dont le courant est rapide, sans avoir été inquiétés, constitue, je pense, une preuve que l'ennemi a appris à respecter les qualités de combat de nos soldats... »

Cette dernière « leçon » lui coûte trois cent sept tués dont trente et un officiers, mille soixante-quinze blessés dont quarante-neuf officiers, et trois cent quarante-sept prisonniers et disparus dont sept officiers.

Les Boërs ont eu cent soixante-huit tués.

Et, comme le dit fort bien Ricciardi, sans l'opposition incompréhensible du général Joubert, cette traversée de la Tugela par les troupes anglaises en retraite eut été non pas

« une preuve que l'ennemi a appris à respecter les qualités de combat des Anglais », mais une déroute effroyable; car le général Louis Botha, du haut des kopjes défendus la veille, présidait, entouré d'une douzaine de canons, au passage des Anglais sur les ponts de bateaux.

Il était à bonne portée, et les canonniers à leurs pièces.

Un ordre, et les ponts étaient détruits, et la division Warren, acculée à la rivière, était massacrée.

Pourquoi Joubert n'a-t-il pas donné cet ordre?

Au mois de mars, avant la mort même du généralissime, on a prononcé un mot bien grave : Trahison.

Tout au moins, inaction bien coupable; car si maintenant la guerre paraît désespérée, longtemps il aurait pu en faire une victoire, une nouvelle campagne de Majuba-Hill.

Nous savons déjà que le général Joubert était d'une ignorance invraisemblable, ne sachant même pas lire une carte, et se refusant énergiquement à l'apprendre. Son attitude, en face de la retraite de Warren et quelques autres circonstances ont donné sans doute naissance aux bruits d'empoisonnement qui ont suivi, en mars, la mort rapide et imprévue du général. Faut-il penser qu'un Burgher, emporté par son zèle patriotique, ait été jusqu'au crime dans l'espoir de voir tomber le haut commandement dans des mains plus fidèles ou plus hardies?...

Plus tard, lorsque j'ai été prisonnier au camp anglais, il m'arriva de dire en plaisantant à un jeune sous-lieutenant :

— Vous avez perdu au mois de mars un de vos meilleurs généraux!

— Qui donc?

— Joubert!

Et sur son air interloqué et un peu fâché, un officier supérieur s'approcha et me dit, en souriant :

— Vous avez raison!

Au 1er février, les positions des belligérants n'ont pas encore subi de notables modifications depuis le début de la guerre.

Rappelons-les une dernière fois, car les renforts anglais arrivent de toutes parts. Lord Roberts a pris le commandement. Bientôt les villes vont être débloquées et la guerre entrera dans une période active.

Au Nord, en Rhodésia, le général Carrington est à Marondellas et le colonel Plumer à Safili Camp, près de Buluwayo.

A Mafeking, le colonel Baden Powel est nommé lieutenant-général. *Le loup qui ne dort jamais*, comme l'appellent ses hommes, est toujours assiégé par Snyman.

Le colonel Kekewîch, dans Kimberley, est entouré par les troupes de du Toit, Kolby, de la Rey et Ferreira.

Le général boër Kronje, au sud de Kimberley, constate, sans y prêter attention du reste, les préparatifs de lord Roberts et se contente de répondre aux prévoyants conseils du colonel de Villebois : « Lorsque vous étiez enfant, j'étais déjà général! »

Schœman est dans les environs de Colesberg et fait vis-à-vis à French.

Olivier, au nord de Burghersdorp, est devant Gatacre.

Botha, Schalk Burgher, sur la rive nord, tiennent tête à Buller et à Warren qui sont sur la rive sud de la Tugela, vers Colenso.

Erasmus Louis Botha Lucas Meyer

GÉNÉRAUX BOËRS.

Enfin, Joubert, Lucas Meyer et Prinsloo sont autour de Ladysmith, où le général White est toujours enfermé.

Le 5 février, Buller, après avoir déployé ses troupes pour faire croire à une attaque de front vers Potgieter, a enfin traversé la Tugela au pied du Dorn Kop.

Si la persévérance vaut une récompense, certes, celle-ci est méritée !

Mais la période des sièges touche à sa fin, la guerre entre dans une autre phase, lord Roberts a terminé sa concentration, ses ordres sont donnés, l'invasion commence.

VIII

Le 10 février le field-maréchal a concentré trois divisions à Modder-River : Kelly Kenny (6e), Tucker (7e) et Coleville (9e).

Puis il rassemble secrètement la cavalerie groupée en trois brigades, Broadwood, Porter et Gordon, sous le général French.

Celui-ci, soutenu par sept batteries à cheval et six batteries de campagne, part dans la nuit du 11 au 12, gagne Rooidam, continue par Potgieter's Farm, Weilfarm et Alexanderfontein, bouscule le général Ferreira, et entre dans Kimberley le jeudi 15 février à cinq heures et demie du soir.

La surprise a été complète... Nous le savons!

Pendant ce temps, lord Roberts n'est pas resté inactif :

Le 15, la brigade Maxwel occupe Jacobsdal et lord Kitchener serre de près Kronje qui se retire vers Paardeberg.

French, son raid accompli, le rejoint par Koodoesrand et, le 17, l'armée entière du maréchal cerne le général boër.

Après une défense de dix jours plus héroïque que raisonnable, — car secouru par de Wett il aurait pu fort bien se dégager, — Kronje, écrasé sous le feu terrible de quatre-vingt-dix canons[1], et réalisant la prédiction du colonel de Villebois, est obligé de capituler sans conditions, le 27 février, à sept heures et demie du matin.

Lord Roberts télégraphie au War Office :

Paardeberg, 7 heures 45 du matin.

« ... Le général Kronje est maintenant prisonnier dans mon camp. Je télégraphierai plus tard l'effectif des troupes tombées en mon pouvoir. J'ai espoir que S. M. et le gouvernement verront avec satisfaction cet heureux « événement « qui se produit le jour anniversaire de Majuba ».

1. Lord Roberts a : 6 batteries de campagne, 1 batterie Howitzer, sept batteries à cheval, cinq Navyguns, soit exactement quatre-vingt-neuf pièces.

10

Dans la suite, le War Office annonce que le général a rendu deux canons Krupp, dont un de la République d'Orange et deux Maxims dont un d'Orange. Quatre mille hommes,.dont onze cent cinquante Free-Statters, et quarante-sept officiers, dont dix-huit Free-Statters.

Parmi ces derniers se trouve le commandant d'artillerie Albrecht, ancien officier autrichien.

Dans le Natal, le 28, lord Dundonnald est entré dans Ladysmith débloqué à six heures du soir, précédant un convoi de ravitaillement qui arrive le 2 mars au matin.

Le long de la Modder-river, lord Roberts ne s'est pas arrêté longtemps. Après avoir laissé un court repos à ses troupes, pendant lequel il va avec lord Kitchener visiter Kimberley, où il est l'hôte de Cecil Rhodes, il poursuit sa marche sur Blœmfontein. Le 7, il est à Poplar Grove, le 10 à Abrahamskraal, qu'il appelle combat de Driefontein et, le 13, il entre dans la capitale de l'Orange.

Blœmfontein, 13 mars, 8 heures soir.

« Grâce à l'assistance de Dieu et grâce à la bravoure des soldats de S. M. la Reine, les troupes que je commande ont pris possession de Blœmfontein. Le drapeau britannique flotte maintenant sur le palais de la Présidence, abandonné hier soir par Monsieur Steijn, ancien président de l'État d'Orange.

» Monsieur Fraser, membre de l'ancien gouvernement exécutif d'Orange, le maire, le secrétaire de l'ancien gouvernement, le landrost et d'autres fonctionnaires sont venus à ma rencontre à deux milles de la ville, et m'ont offert les clefs des bureaux ministériels.

» L'ennemi s'est retiré du voisinage, et tout paraît calme. Les habitants de Blœmfontein ont fait à nos troupes une réception cordiale. »

ROBERTS.

Le premier mouvement de lord Roberts est fait; il établit une sérieuse base d'opérations dans Blœmfontein, en y accumulant de nombreux approvisionnements : sage mesure avant de se lancer dans ce pays hostile, appauvri par cinq mois de guerre, et dont les ressources ont déjà été réquisitionnées par les Burghers.

En même temps, ses troupes rayonnent autour de l'ancienne capitale, et cherchent à éloigner les petits commandos qui tiennent encore la campagne dans les environs.

La 9e division, général Coleville, est disloquée pour garder les voies de communication, et son chef rentre en Angleterre.

Voici donc quelle était la situation quand, le lundi 23 avril, nous recevons l'ordre de seller à sept heures du matin. On part à huit heures et demie, avec deux jours de vivres.

La direction est la même que la dernière fois, vers le Sud. Mais après le contre-ordre de lundi dernier, nous n'avons pas grande confiance dans le but de cette nouvelle manœuvre. Nous avons déjà baptisé ces prises d'armes : « Les petits exercices du lundi. »

Cette fois, paraît-il, pendant que de Wett est occupé à Wepener avec les Braban's horse qu'il cerne toujours, une colonne nombreuse veut le couper du Nord, en établissant une ligne entre Blœmfontein et la frontière du Basutoland.

Nous devons nous opposer à ce mouvement pour permettre à de Wett de passer.

Nous arrivons dans la plaine où coule l'Onspruit, vers cinq heures du soir.

CAMP D'ARTILLERIE (GÉNÉRAL BOTHA, AVRIL 1900.)

Nous y bivouaquons auprès des Allemands de Lorentz, avec qui nous sommes toujours.

Les nuits commencent à devenir fraîches.

Dans la soirée, arrivent un millier d'hommes et deux canons du Creusot de 75 millimètres.

Au camp de P. Botha, à proximité, il y a encore trois à quatre cents hommes, un Krupp, un Armstrong et un Nordenfeld.

Le 24 au matin arrive un renfort de deux à trois cents hommes. Nous sommes de quinze à dix-huit cents.

Nous restons toujours au bivouac, mais le 25, les vivres sont épuisés, et on nous ravitaille en faisant passer à travers la plaine un troupeau de moutons. Par groupe de cinq à six hommes, on en prend un.

Une partie est grillée sur un feu de bouses de vache sèches — le seul combustible fourni par le Veld — et le reste, coupé en quartiers, est pendu à la selle pour le lendemain.

Depuis deux jours, toute la soirée jusqu'à minuit, le ballon lumineux des Anglais est en vue.

Dans l'après-midi, ordre de partir pour les

Waterworks, à l'est de Blœmfontein, repris par les Anglais sur le général Lemmer.

On doit s'approvisionner pour plusieurs jours; mais les Anglais sont, paraît-il, derrière nous, descendus dans la plaine, et la route est peu sûre jusqu'à Brandfort.

Nous partons à trois heures de l'après-midi, Wrangel, deux anciens officiers allemands, Couves, de Loth et moi, pour ramener un trolley avec tout ce qui est nécessaire pour les deux corps.

Nous arrivons vers minuit à Brandfort. Le capitaine D***, que nous rencontrons, nous donne des nouvelles de France : le Théâtre Français a brûlé le 9 mars, et mademoiselle Henriot est une des victimes de la catastrophe.

Nous apprenons également l'explosion de Johannesburg. La dépêche dit que le fort a sauté le 24. Mais nous saurons plus tard que c'est à la fabrique de Beg-Bye et non au fort qu'il y a eu explosion. Une autre dépêche, relative au combat de Boshof, annonce que le prince Bagration ne serait pas tué, mais simplement blessé. Un lieutenant d'infanterie de marine, Le Gilles, est tué.

C'est tout ce que nous avons comme détails, car la liste officielle des pertes du 5 avril n'a pas encore paru.

A propos de l'explosion, voici quelques renseignements :

Le fort de Johannesburg, n'avait pas été construit dans le but de défendre la ville, mais au contraire dans celui de pouvoir la bombarder.

Cette disposition curieuse demande une explication.

En 1896, le 1er janvier, le docteur Jameson, arrivant de l'Est, fut arrêté à Krügersdorp avec ses compagnons, ce qui empêcha la réussite de son coup de main. Mais à l'annonce de son arrivée, nombre d'Uitlanders, Anglais pour la plupart, s'étaient armés.

Réunis en commandos et renforcés par une batterie de Maxims introduite en fraude parmi des pièces de machines pour les mines, ils étaient venus bivouaquer sur les hauteurs dominant Johannesburg, à Yéoville, pour attendre et seconder les hommes de la « Chartered Company ».

A la suite de cette incartade, le gouvernement du Transvaal, afin d'influencer les loyaux sentiments de sa bonne ville de Johannesburg, la dota d'un fort, qui, situé sur une position dominante, dans la ville même, était capable, en quelques minutes, de corriger les manifestations de sympathies intempestives auxquelles ses habitants pourraient à l'avenir se laisser aller.

L'usine de Beg-Bye était la fabrique de projectiles. Là, avec des moyens relativement primitifs et des ouvriers absolument inexpérimentés, il était procédé à la construction et au chargement d'obus de tous les modèles en usage dans notre artillerie.

Chaque soir il en était expédié sept à huit cents dans toutes les directions.

Depuis longtemps déjà, au lendemain de la déclaration de la guerre, des Anglais expulsés avaient publiquement prédit que cette fabrique sauterait.

Le 2 février, une dépêche de Durban annonçait déjà que l'explosion avait eu lieu.

Le directeur, M. Grünberg, avait même attiré l'attention de la police sur une maison voisine de la poudrière, mais en vain.

Bref, le 24, une explosion effroyable se produisit, faisant une centaine de victimes et détruisant un quartier de la ville.

Voici à peu près ce que l'enquête put établir.

Il avait été creusé dans la maison suspecte, une petite mine contenant de la poudre noire, à proximité de la réserve de dynamite de la poudrière.

Les auteurs de cet attentat avaient ensuite mis la mine en communication avec l'allumeur électrique de leur appartement; puis, tranquillement, ils étaient partis se mettre en sûreté, ayant une demi-journée d'avance.

Le soir, à cinq heures, au moment où l'usine électrique ouvrait le courant pour distribuer la lumière dans la ville, l'explosion se produisait automatiquement. Les coupables ne furent jamais découverts.

. . . .

Notre soirée se passe à commenter toutes ces nouvelles, et nous allons nous coucher ensuite à notre campement. Puis le 26 au matin, nous chargeons sur un trolley, auquel nous attelons huit mules vigoureuses, des cartouches, du biscuit et quelques provisions de première

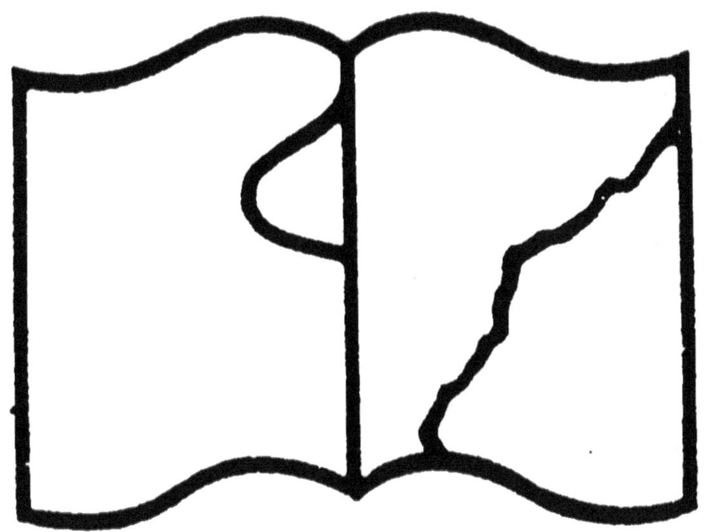

Texte détérioré
Marge(s) coupée(s)

nécessité. Nous partons à deux heures de l'après-midi, et arrivons tard dans la soirée à une ferme où est installée une ambulance. Nous nous plaçons à plusieurs centaines de mètres.... selon la prescription énergiquement recommandée par un docteur accompagné de sa jeune femme.

Il se sert de la Convention de Genève pour mettre en sûreté son ménage, à cause de ce bon Wrangel, qui est très joli garçon....

Je ne sais si le législateur avait prévu ce cas!

Notre dîner est assuré par les poules de la ferme, que trois d'entre nous ont été initier aux lois de l'hospitalité.

Quelques protestations s'élèvent parmi les gallinacés, tandis que j'appelle et invective ma pauvre « Nelly » qui est à mes pieds et n'en peut mais!....

De la sorte, les ambulanciers croiront que c'est elle qui poursuit la basse-cour... Il faut toujours sauver les apparences.

Nous ne dormons que d'un œil, et, vers trois heures du matin, un Cafre nous annonce qu'il vient de rencontrer une troupe nombreuse d'Anglais.

2 1

1. [illegible] MICHEL. — 2. NELLY, "L'ENFANT TROUVÉE" ET SON PÈRE ADOPTIF.

Nous attelons rapidement, et filons plus rapidement encore au grand galop, tandis qu'à la lueur naissante du jour, sur les kopjes, se détachent les éclaireurs ennemis.

Nous marchons toute la journée à travers la plaine sans guide, et nous parvenons à six heures du soir au camp de Botha. Nos camarades, parti pour une petite reconnaissance, sans résultat du reste, rentrent le soir vers huit heures et demie.

Le bruit annonçant que nous étions prisonniers avec le trolley, nous avait déjà précédés, apporté par les « Irish Americans », et confirmé par une dépêche optique du commissaire de Brandfort.

Le 28, tous les Européens doivent se tenir prêts à partir en avant-garde.

Je suis très bien reçu à l'état-major, car j'y retrouve l'adjudant[1] Marais, avec qui nous étions à Poplar Grove.

L'ordre de départ est donné à deux heures de l'après-midi.

1. Le titre d'« adjudant », auprès d'un général boër, peut correspondre à celui de chef d'état-major de ce général, et non pas au grade subalterne qu'il désigne en France.

Nous venons d'apprendre que von Loosberg, ex-lieutenant allemand, que nous avions connu à Abrahams Kraal, et qui depuis avait pris du service dans l'artillerie, a reçu à Dewettsdorp sept balles de Maxim, deux dans la tête et cinq en plein corps.

Il s'en est tiré!

Nous arrivons à cinq heures le long d'un petit ruisseau. On doit y camper pendant trois jours.

Il y a là environ douze à quinze cents hommes, avec Botha, de la Rey et Kolby.

Les tentes sont montées un peu à l'écart, nous sommes très bien.

Il est environ huit heures et demie, nous avons fini de dîner, et nous nous préparons à profiter d'un repos bien gagné; plusieurs même sont déjà roulés dans leurs couvertures... Tout à coup, bruit de chevaux en marche, murmures insolites... on va aux renseignements...

Le camp était levé, et tous les Boërs filaient en silence :

— Les Anglais sont là! Sauvez-vous!

Nous abattons rapidement les tentes, sellons et attelons, toujours sans renseignements complémentaires, et nous suivons la retraite.

Les questions que l'on fait obtiennent des réponses rappelant absolument celles des jeunes recrues à leurs premières manœuvres :

— L'ennemi !

— Où est-il?

— Par là !

Et un geste large embrasse l'horizon; indication, dans la circonstance, d'autant plus vague, qu'il est dix heures du soir et que la nuit est fort noire.

— Sont-ils beaucoup?

— Je ne sais pas!

— Dans quelle direction vont-ils?

— Je ne sais pas!

Je crois même que si on lui posait un peu brusquement la question :

— Les avez-vous vus?

L'homme répondrait :

— Non!

Néanmoins le convoi prend la direction de l'Est, et tous les hommes sont disposés pour protéger la retraite.

Nous sommes sur un kopje rocailleux où souffle un vent glacé. Croyant que le camp allait être rétabli plus loin, manteaux et couvertures ont été remis sur le trolley. Les doigts raidis ne veulent plus tenir la carabine, on grelotte, on jure, on éternue, les nez coulent...

C'est affreux!

Après une nuit terriblement longue, le jour et le soleil mettent fin à ce supplice.

Quelques renseignements arrivent dans la matinée.

Le camp a été levé, quinze cents hommes se sont mobilisés et ont passé la nuit sur le « qui-vive? »

... Une patrouille de treize lanciers était passée à proximité!...

Le 29 est un dimanche. Les Boërs chantent des cantiques. Nous avons replanté les tentes à deux heures du campement de la veille.

Le 30 à huit heures, ordre de départ pour transporter le laager au pied des grands kopjes que l'on voit à quatre ou cinq milles dans la direction de Taba N'chu.

Vers neuf heures et demie, en avant et sans que rien ait pu le faire prévoir, le Maxim commence à tirer.

Nous regagnons au galop les kopjes, filant

REDOUTE POUR MAXIM. (ARTILLERIE BOER

droit devant nous, vers un des plus grands qui s'appelle Taba N'berg.

Mais un field-cornet, au galop, nous envoie plus à gauche auprès du général Kolby.

Sans préférence et ne sachant encore rien de ce qui se passe, nous y allons et nous nous installons sur un petit piton rocailleux.

Les kopjes font un large demi-cercle, un peu ovale, dont la courbe est dirigée vers le nord-est et l'ouverture vers le sud-ouest.

Dans le fond, un bouquet d'arbres, au milieu de cette cuvette jaunâtre et aride, c'est Taba N'chu.

A l'ouest de nos positions, à une vingtaine de milles, se trouve Blœmfontein. Tout le fond de cette vaste crique est rempli de « gentlemen in kakhi ».

Il est dix heures.

Nous avons, à notre gauche, un canon, et à notre droite, entre le grand kopje et nous, un autre canon et un Maxim. Plus tard, au fond de la plaine, deux ou trois autres pièces de Grobler entreront en jeu.

D'abord, une batterie anglaise qui vient prendre position à 4 000 mètres, puis une seconde, distribuant obus et shrapnells sur toute notre ligne.

Des tirailleurs nous envoient également à longue portée (2 300 yards peut-être) de nombreuses balles.

Trouvant la distance trop longue, nous ne tirons pas, tandis que nos canons répondent de leur mieux. Mais, à onze heures, notre Maxim démoli se tait.

Les volontaires du duc d'Édimbourg et les « Royal-Irish » chargent quatre fois notre aile droite et parviennent enfin à s'établir sur le flanc de la pente relativement douce de leur côté.

Von Braschel est tué, ainsi que Brostolowsky, tous deux anciens officiers allemands; puis Baudin, ancien sergent d'infanterie de marine, ayant fini ses quinze ans et venu au Transvaal en attendant la liquidation de sa pension de retraite.

Vers quatre heures et demie, nous sommes nous-mêmes vigoureusement chargés par de l'infanterie; mais un feu rapide « lancé d'une main sûre » disperse ceux qui ne tombent pas.

Le combat finit avec le jour. Le soir, étant

donné la façon tout inattendue dont l'action s'est engagée, nous n'avons ni provisions, ni couvertures.

Une boîte de sardines pour dix compose tout notre dîner, et nous n'avons même pas, à cause du froid terrible, la consolation de dormir pour nous tenir lieu du repas absent.

Nous restons sur les positions, et le 1er mai, au petit jour, le combat reprend.

Nous allons occuper avec les Allemands le grand kopje sur lequel l'effort des Anglais s'est porté d'une façon particulièrement vive la veille. Sa position dominante lui donnait une grande valeur stratégique; mais les Boërs qui y étaient, ont eu la malencontreuse mais habituelle négligence de se retirer, pour pouvoir dormir à leur aise, au lieu de s'y fortifier.

Les Anglais, au contraire, pendant la nuit, ont creusé des abris et se sont solidement établis sur le terrain gagné pendant les deux journées.

Nous sommes donc, dès le début, en beaucoup moins bonne posture.

L'ascension de ce Taba N'berg par une pente

abrupte, rocheuse et presque à pic, dure près de trente-cinq minutes.

L'escarpement est tel, que, pour descendre les blessés, l'usage des brancards est impossible. On est obligé de tirer les malheureux par les pieds et de les descendre en les traînant assis. Aussi nos abris sont-ils souvent marqués de longues traces de sang.

Nos chevaux restent en bas, sans garde, suivant la coutume.

Parvenus au sommet, nous sommes salués par un feu nourri d'infanterie et quelques schrapnells, que nous recevons sans répondre jusqu'à dix heures.

Puis, nous appuyant un peu sur la droite, nous commençons à tirer aussi. Nous pouvons être une centaine; une cinquantaine d'étrangers et autant de Boërs, car la plupart de ceux qui étaient là la veille, peut-être cent cinquante Européens et un peu moins de Burghers, sont rentrés au laager et ne sont pas revenus.

Il est vrai que la journée a été particulièrement dure pour eux, et qu'ils ont eu à supporter, sous un feu violent d'artillerie, le principal effort de l'ennemi.

Jusqu'à ce moment, rien de sérieux n'a encore été tenté. Mais vers onze heures, tout le Royal Canadien arrive en ligne déployée. Il est salué au passage par nos deux canons de 75 millimètres, qui sont venus prendre position sur notre gauche en bas du kopje.

Je saurai par la suite que le tir, remarquablement réglé, n'a malheureusement pas été efficace, les obus fusants n'éclatant pas.

De ce fait, deux ou trois hommes seulement, pris de plein fouet comme par des boulets pleins, furent tués. Plusieurs autres furent renversés par le déplacement de l'air, mais se relevèrent indemnes.

Ces renseignements m'ont été donnés par un officier supérieur du régiment anglais, qui avait pris part au mouvement.

Vers une heure, sans raison, sans ordre, les Boërs qui occupaient un autre petit kopje sur notre gauche, lâchent pied.

Les artilleurs anglais en profitent pour faire un bond en avant, et maintenant nous tirent à 3 500 mètres environ.

Puis, tout d'un coup, un cri :

Aux chevaux!

A nos pieds, derrière nous dans la plaine, un régiment de lanciers qui a tourné le grand kopje, où nous sommes isolés comme dans une île, avance en fourrageurs, au galop, pour s'emparer de nos chevaux qui sont abrités en bas.

On s'élance. Quelques Boërs venant je ne sais d'où, s'embusquent dans un petit spruit, et par un feu nourri, repoussent les cavaliers; mais, pendant ce faux mouvement, les Anglais ont encore fait un bond en avant, plus sérieux encore que le premier. Le feu est très vif de tous côtés.

Nous ne tenons plus au kopje que par l'angle gauche est.

Tout à coup, n'ayant pas pu prendre nos chevaux, nos ennemis ouvrent sur eux, de biais, un feu terrible d'artillerie.

Les Boërs présents lâchent pied, la position devient intenable, il n'est que temps de regagner les chevaux. En descendant du kopje, un camarade, grand diseur de vers, déclame « Rolla »; mais sa mémoire se refuse absolument à lui rappeler certain vers qu'il me demande...

Je lui réponds que je n'ai jamais su « Rolla »,

mais ma réponse est coupée par un obus, qui, passant entre nous deux, éclate et enlève la tête d'un Burgher, notre voisin, ne lui laissant que la nuque.

— Eh bien, mon vieux?

— Tu parles! répond mon camarade, imitant l'expression admirative du brave troubade français.

Et, à travers le fracas des obus qui ronflent et éclatent, des balles qui sifflent, des hommes qui s'appellent, j'entends à quelques mètres la voix de mon ami de C***, parlant à un autre que je ne vois pas :

— C'était à Tabarin, tu sais!...

Enfin nous parvenons aux chevaux; Buhors arrive, apportant les sacs à eau qu'il a été remplir à un petit ruisseau, à cent mètres de là, sous une grêle de projectiles.

Une ambulance est là, criblée de balles, et le docteur, avec un calme remarquable, secourt les blessés, tandis que les noirs rattellent hâtivement les mules.

Le temps de voir encore tomber deux ou trois hommes, un cheval s'aplatir, vidé par un obus, et nous sommes sur nos bêtes.

Quatre ou cinq cents hommes qui nous fusillent à deux cents mètres du haut du kopje que nous venons d'abandonner, et la batterie qui tire sans relâche à trois mille yards, nous prennent dans un angle de feu.

Le sol est labouré comme par une grêle d'orage, et les balles en rafale soulèvent des milliers de petits nuages.

Un temps de galop de deux mille mètres sous ces feux convergents nous met à peu près hors de danger.

Je suis dépassé par un Allemand à longue barbe blonde, que je connais très bien. Il galope à fond de train, sans veste, sans chapeau, sans armes, sur son cheval sans selle ni bride, conduit par son licol seulement. L'homme, la figure contractée, pâle, les yeux fixes, passe...

Sur sa chemise est plaquée une large tache de sang. Il est traversé de part en part.

Il est deux heures et demie.

Ces deux jours ont coûté une vingtaine de tués, dont six Européens, et une cinquantaine de blessés, dont vingt Européens.

A peine hors de portée, nous trouvons Botha qui nous place sur une petite ondulation; nous sommes là une soixantaine. Puis, Botha s'en va... Ne le voyant plus, un Burgher gagne lentement son cheval, le monte et part.

Toujours, lentement, un autre le suit; puis un troisième... Bientôt nous ne serons plus qu'une quinzaine d'Européens.

On ne voit plus rien à l'horizon, ni convoi, ni troupes en retraite... Nous partons à notre tour, salués encore par quelques obus.

Çà et là, quelques blessés, quelques hommes démontés s'en vont, droit devant eux... Personne ne sait où est l'armée...

IX

Enfin nous rencontrons les troupes du général Olivier, qui marchent vers le nord-ouest. Celles-ci semblent ne savoir rien de la bataille. A peine avons-nous fait cent mètres avec eux que devant nous une batterie, ouvrant le feu, nous arrête.

Les Anglais forment un demi-cercle autour de nous. Il ne s'agit plus de rire.

Nous filons vers l'est, à travers le Veld, fort tard dans la nuit. Nous couchons sur place, restant sur le « qui-vive? »

Le lendemain mardi, au tout petit jour, nous repartons, décrivant un grand cercle d'abord à l'est, puis au nord et enfin à l'ouest.

Bien nous en a pris, car nous étions derrière

les colonnes anglaises en marche sur Brandfort et Winburg.

Enfin, toujours à travers le Veld, nous arrivons à Brandfort le 4 vers huit heures du matin.

Ouf! nous voici dans notre camp, dans nos tentes!

Quel tub! quel déjeuner! et quel somme, ce soir!

En attendant la confection d'un repas sérieux, nous mettons à griller quelques « chops ».

Elles ne sont pas depuis deux minutes sur la braise, que : « Pom! pom! pom! »

Pas même le temps de déjeuner! A cheval! On avale les côtelettes crues, et au galop!

Quatre hommes restent à lever le camp, et nous allons prendre position, au sud-est de Brandfort, sur les kopjes dominant la plaine.

Dans le fond, à huit kilomètres, on aperçoit les convois anglais se dirigeant déjà sur Brandfort...

Quelle confiance!

A droite, une batterie dont on distingue le soutien, réduit au silence le canon qui est auprès de nous, en tuant pointeurs et servants. Puis au trot, à gauche, dans la plaine, survient une seconde batterie qui va croiser ses feux avec la première.

Les Boërs suivent avec intérêt cette manœuvre, appréciant, discutant... Puis, la batterie s'arrête, se met en position, et, aussitôt, tous, lentement mais sûrement, gagnent leurs chevaux...

A peine les premiers obus sont-ils tirés que tous sont à cheval, et filent à toute allure.

Nos deux pièces de 75 millimètres arrivent, et, de loin, envoient quelques projectiles sans résultat.

Ils sont bien toujours les mêmes! Ils regardent faire l'ennemi, sans jamais le gêner dans sa manœuvre; et après, quand ils veulent agir, il est trop tard.

Il est deux heures. Nos fourgons sont partis depuis longtemps; mais la route est encombrée par une longue file de voitures.

Les deux routes de Smaldeel et de Winburg sont coupées.

C'est à travers le Veld une cohue invraisemblable, chacun va de son côté, c'est une débandade générale.

Nous filons, C*** et moi, pour tâcher de

retrouver nos bagages, car nous sommes sans nouvelles, depuis le 1er, du trolley qui est avec Michel et quelques camarades.

Le reste des voitures peut très bien avoir été pris comme tant d'autres, soit du côté de Winburg soit du côté de Smaldeel.

Mon camarade toujours prévoyant, au moment où nous sommes partis le matin, a mis par précaution une boîte de peach-jam dans sa poche.

Elle constitue notre dîner sans une miette de biscuit.

Tard dans la soirée, nous atteignons une ferme d'où l'on nous montre, sur un kopje en face, les avant-postes anglais.

Dans la nuit, les propriétaires de la ferme partent en voiture. Des Cafres veillent et font le guet pour nous avertir si un mouvement avait lieu contre notre asile.

Nous filons au lever du jour et nous arrivons à Smaldeel vers midi, le 5.

La retraite continue. Chaque jour amène une escarmouche, sans de sérieux engagements sauf à Zand-river le 9.

Là, le combat est assez vif, les Boërs qui

sont à l'aile droite lâchent pied tout à coup, tandis que les Allemands, en avant, tiennent le lit de la rivière, qui, à cet endroit, fait un coude.

La colonne d'attaque anglaise avance, débordant de beaucoup les Allemands qui vont être pris.

Ils ordonnent aux Boërs de tenir encore, pour qu'eux-mêmes puissent se dégager; mais, affolés, les Burghers ne s'arrêtent pas. Alors, sans ordre, mus par un sentiment de profonde et légitime colère, les Allemands somment encore une fois les fuyards de combattre, et, sur leur refus, leur envoient à deux cents mètres une décharge terrible.

Plusieurs tombent, et le reste dompté reprend les positions, arrête un instant la colonne anglaise, et permet ainsi aux Allemands de se dégager.

Le 12, à Kroonstad, French, suivant son habitude, est arrivé le premier par un mouvement tournant; la surprise a été complète. Heureusement nos voitures étaient parties la veille.

Le Gouvernement du Free State a été transporté depuis le 8 à Heilbronn.

L'« Irish Brigade[1] », dont presque tous les hommes étaient ivres après le pillage des « stores »[2], est en partie faite prisonnière.

La gare, qui servait de commissariat et d'où l'on n'a pas eu le temps d'enlever les approvisionnements accumulés, est brûlée jusqu'au ras de terre.

Tout le monde est très las. Lorentz a été traversé de deux balles à Zand-river. Wrangel aussi est blessé. Partout où l'on devait résister, les Boërs n'ont pas tenu sous dix obus!

La retraite continue jusqu'à Vereeniging, nous y sommes le 14. Les bruits les plus divers et contradictoires circulent : le 12, Mafeking aurait été pris par les Boërs, le 13 on confirme la nouvelle, le 14 on la dément.

La ville aurait, paraît-il, failli être prise par une centaine d'étrangers; mais, non secondés par les Boërs, ils auraient échoué et soixante-douze d'entre eux auraient été tués.

Le 17 au matin, nous aurions capturé dix-huit canons à Mafeking. On publie même la

1. Un certain nombre d'Irlandais s'étaient engagés au service des Boërs, sous le nom d'« Irish Brigade » et sous le commandement du colonel Blacke.

2. Magasins.

dépêche suivante signée du général Snyman : « J'ai eu la chance de capturer Baden Powel ce matin et ses neuf cents hommes. » Mais le soir, au contraire, nous avons subi un échec et perdu dix canons.

Cette dernière nouvelle est malheureusement la seule exacte !

Baden Powel, auquel lord Roberts a demandé dès avril de tenir jusqu'au 18 mai, a été délivré par la colonne de secours le 17, après deux cent dix-huit jours de siège.

Les derniers jours ont été, paraît-il, particulièrement durs, car au 22 avril, la ration était déjà réduite à 120 grammes de pain et 240 grammes de viande par jour.

La garnison, peu nombreuse, a été très éprouvée et a perdu près de la moitié de son effectif durant ce siège, le plus long des temps modernes, après ceux de Khartoum (341 jours) et de Sébastopol (327 jours), ce qui est bien peu de chose en comparaison des dix ans que dura le siège de Troie ou des vingt-neuf ans de celui d'Azoth dont parle Hérodote !

Nous avons retrouvé nos fourgons le 15 à Vereeniging. Nous sommes tous écœurés, et cela est bien compréhensible! Reculer toujours, reculer sans cesse, sans résistance, sans combat, sans effort!...

Cependant, on a amené un *Long Tom* monté sur un truc; il est garanti par un blindage d'acier et un rempart de sacs de terre.

Un second truc, casematé avec des traverses et des sacs de terre également, sert de poudrière et contient des obus.

Mais cette sorte de train blindé est là, inactif dans la gare...

Je m'informe si l'on doit essayer une attaque, pousser en avant?

On me répond que l'on n'ose pas faire traverser le Vaal au canon, parce que l'on craint que les Boërs du Free State, mécontents de la guerre, ne fassent sauter le pont du chemin de fer pendant que l' « Armoured train » serait dans l'Orange, et ne le livrent ainsi aux Anglais!

La confiance règne!

Malgré tout, nous voudrions tenter encore une fois d'organiser un peu sérieusement un corps d'étrangers.

De Malzan, ancien officier allemand, est

nommé par le gouvernement de Prétoria adjudant du « Uitlanders Corps » sous Blignault; son brevet est signé par Reitz et Souza.

Il va, la mâchoire encore bandée après une blessure reçue à Platrand, consulter le général Botha. Il est fort mal reçu.

— Je ne reconnais à personne le droit de nommer à un grade. Blignault n'est pas général, et vous n'êtes rien. Du reste, les Européens peuvent rentrer dans leur pays, je n'ai pas besoin d'eux. Mes Burghers me suffisent.

Réponse dont il aurait pu se dispenser envers la « Légion européenne » qui, sur deux cent quatre-vingts hommes environ, a eu, pendant ces quarante derniers jours, quinze tués, dix-neuf prisonniers et quatre-vingt-sept blessés, sur les champs de bataille de Boshof, de Taba N'chu, de Brandfort et de Zand-river!

Voulant définitivement éclaircir la question, je laisse mon camp de l'autre côté du Vaal, et file pour Prétoria le soir même, 18, dans un wagon à charbon.

J'y trouve le 19 au matin Lorentz nommé colonel.

Nous réunissons un conseil de guerre :

Lorentz, encore titubant après ses deux blessures; Wrangel, le bras en écharpe; le Rittmeister Illich, des Austro-Hongrois, et moi.

Il est décidé que l'on présentera au Président un projet d'organisation dont je détache le passage suivant qui indique l'état d'esprit dans lequel nous nous trouvions tous.

« Nous espérons vivement, sur les données que nous avons exposées, et avec l'appui effectif du Gouvernement — que personne n'a obtenu jusqu'à présent — arriver à un bon résultat.

» Ce projet, étant donné la rapidité avec laquelle se précipitent les événements, n'a de chance de réussite que dans la célérité même de son exécution...

» Mais nous craignons aussi qu'un nouvel échec après tant d'autres, auprès du Gouvernement, ne décourage à jamais toutes les bonnes volontés. »

. . . .

Nous voyons de Korte qui est influent. Il approuve le projet mais craint de le voir échouer comme tant d'autres.

Nos instances sont de plus en plus pressantes.

Le 24, je vais à Johannesburg voir le docteur

Krauss, dont l'influence est considérable. Il est très aimable, mais indécis et ne sait que répondre.

. . . .

Les Anglais avancent toujours. Une estafette vient m'annoncer que mon convoi arrive. Il me rejoint, en effet, à Johannesburg, le 26, sans boys, tous ayant déserté; les voitures brisées par les gués invraisemblables; les bêtes mortes ou harassées, ayant marché sans prendre nourriture ni repos; les hommes épuisés par la garde continuelle et le double métier de combattant et de boy, dégoûtés de la retraite et du désordre.

Beaucoup ont déposé les armes et ont trouvé à la cartoucherie et aux mines un travail rétribué vingt-cinq et trente shillings par jour. L'un d'eux même, plus désespéré, après nous avoir laissé ses armes, est allé au-devant des lignes anglaises se constituer prisonnier.

Quelques-uns seulement restent, attendant en dernier ressort la décision du Président.

Le landrost indique un vague cantonnement aux vingt mules, vingt et un bœufs, trente-deux chevaux et deux boys qui constituent les débris de notre convoi. Les hommes se logent comme ils peuvent.

Le dimanche 27, un des miens arrive de Prétoria avec une lettre de Lorentz, datée du samedi matin.

Tout est approuvé et signé.

Ensuite, il me remet une proclamation de Lorentz, datée du soir de ce même samedi....

A deux heures tout a été bouleversé et refusé!

Furieux et désespéré, le colonel Lorentz engage tous les étrangers à mettre bas les armes....

« Puisque l'honoré gouvernement de la Z. A. R. ne peut accepter nos modestes mais justes demandes, étant actuellement sans ressources pécuniaires, tous les étrangers de toutes les nations ne sont plus dans la situation de sacrifier leur vie pour le maintien des Républiques fédérales.

» Moi, le soussigné, jusqu'à présent commandant du corps international, j'invite par la présente, toutes les personnes qui se sont jointes à moi volontairement, à déposer les armes, mardi 29 mai 1900 à dix heures du matin, à « l'Old Union Club » Prétoria, ou en n'importe quel lieu qu'elles se trouvent. »

Signé : C. LORENTZ.

Hauptmann, v. L.

J'hésite encore à communiquer cette proclamation à mes compagnons; ils sont déjà si découragés!

Le lundi matin 28, un policeman, muni d'un ordre du landrost, a réquisitionné nos bêtes au pâturage, sans même nous prévenir. Je crois qu'il les a revendues. J'en ai eu presque la preuve dans la suite. Impossible de les retrouver.

Dans la nuit, trois de nos voitures sur cinq sont pillées, malgré la garde qui y est restée...

Une pareille conduite vis-à-vis d'Européens qui se font hacher pour eux... c'en est trop!

La coupe est pleine. Je communique aux hommes la proclamation de Lorentz. Elle ne soulève pas un regret; tous sont bien vraiment las!

En haute sphère on leur refuse quelques shillings, à peine la paye d'un Cafre, dont ils ont pourtant bien besoin, étant dénués de tout et sans ressources pour échapper aux Anglais et se rapatrier.

En bas, on profite de leur épuisement pour voler leurs chevaux — sous une apparence légale — pour les donner ou plutôt les vendre à des Boërs qui tranquillement rentrent dans leurs fermes.

Car si quelques milliers tiennent encore, la plupart, découragés, se retirent chez eux et n'en sortent que lorsque parfois leurs femmes, plus patriotes, les en chassent.

Ce sont en général les vieux, ceux qui, enfants, ont vécu les « grands Trecks », qui donnent l'exemple de la résistance à l'invasion. Ceux-là sont restés les dépositaires des vertus de leurs ancêtres, ignorants et frustes; la Bible, s'ils savent lire, est leur seule lecture, et s'ils ne le savent pas, ils en connaissent les grandes pages et cherchent à vivre en suivant ses préceptes.

Les Burghers de la jeune génération, au contraire, ont souvent habité les villes. Beaucoup sont devenus âpres au gain, très anglais d'habitudes et de costume, ayant perdu les qualités principales de leur race, n'en conservant soigneusement que les défauts considérablement augmentés de ceux que leur auront apporté le milieu souvent taré des villes sud-africaines.

Dans l'armée du Natal, vers Amajuba, il y a sept pièces et deux cents hommes environ.

Sur ce nombre, il y a exactement *six burghers*, les autres sont Afrikanders et étrangers.

Et tandis que de tous côtés d'anciens officiers et sous-officiers d'artillerie européens demandent des canons, sur ces sept pièces deux sont muettes faute de servants!

Ils préfèrent les laisser ainsi plutôt que de les donner à des étrangers. Je tiens ce renseignement d'un des Burghers, un artilleur de vingt ans, qui allait rejoindre son poste. J'ai voyagé avec lui de Prétoria à Elandsfontein le 24 mai dans la matinée. Il ne dissimulait pas du reste son indignation de cette façon d'agir...

A Prétoria, le gouvernement ne s'occupe plus de rien. C'est l'affolement complet. Le bruit court que l'occupation principale des personnages influents consiste à partager l'argent en caisse!

De fait, aucun des fournisseurs, soit hôteliers ayant logé et nourri par bons de réquisition, soit marchands de comestibles ou de vêtements, n'a été payé. Tous refusent maintenant de loger ou de fournir pour le compte de l'État.

Une femme, Mrs. S. D., qui avait l'adjudication des selles, a été obligée après avoir fait plusieurs démarches inutiles, d'entrer dans les bureaux la cravache à la main, tel Louis XIV en son Parlement, et de menacer.

Grâce à cette vigueur de procédé, elle a reçu un bon, sur lequel il lui a été délivré un certain nombre de barres d'or, car les billets de la Banque nationale ne valent plus que les deux tiers de leur valeur nominale.

Mais ce fait est une exception et la plupart des commerçants n'ont pas été aussi heureux.

Où donc est passé l'or extrait pendant huit mois de sept mines travaillant pour le compte de l'État?

Mystère!

Il est vrai que, depuis le haut dignitaire jusqu'au plus humble Burgher, c'est le pillage le plus éhonté. J'ai vu des commissaires aux armées, chargés des approvisionnements de toutes sortes, vivres, vêtements, chevaux, bœufs, etc., sans aucun contrôle, se faire en peu de temps d'honnêtes fortunes, tandis que le brave et honnête Boër touchait de l'État, et lui revendait ensuite chevaux et harnachements avec la plus complète désinvolture.

Je sais bien aussi que de grosses sommes furent consacrées à la propagande par la presse d'un courant favorable à la cause des Républiques Sud-Africaines. Et encore combien d'adroits intermédiaires surent, par de rondes sommes judicieusement distribuées, obtenir les commandes les plus coûteuses et les plus inutiles!

Dans tous les pays et de tous temps, surtout aux périodes de guerre, il est de notoriété publique que sur dix fournisseurs des armées, il y a neuf voleurs et un malhonnête homme. Cela est aussi vieux que l'institution des armées elles-mêmes, et les commissaires boërs, dans la circonstance, n'ont eu qu'à suivre une route déjà largement tracée par leurs confrères d'Europe.

Mais, il est rare, de voir déployer une telle virtuosité.

Faut-il citer une des plus importantes maisons d'aérostats de Paris, à qui l'on vint acheter comptant pour près de cent mille francs de soie gommée, cordes, ustensiles divers, pour la construction d'un ballon? On engagea aussi un aéronaute moyennant deux mille francs par mois, tous frais payés. Et lorsque ce dernier est arrivé à Machadodorp, où le Président était alors, on lui a demandé :

— Un ballon? Pourquoi faire?

Si bien qu'après avoir attendu trois semaines une solution, l'aéronaute est rentré en France, non sans avoir vu, à son passage à Lourenço-Marquès, de nombreux colis abandonnés sur les quais...

La soie gommée et les appareils!

C'est en se fondant sur ces procédés boërs, que Mrs. S. : D. est arrivée à gagner la jolie somme que nous lui avons vu toucher « à la cravache ».

Elle s'était engagée à fournir cinq cents selles par semaine au prix de dix livres sterling par exemple; mais, une bonne partie des Burghers qui venaient toucher gratuitement ces selles, les revendaient moyennant quatre ou cinq livres sterling aux agents de la dame qui les revendait de nouveau à l'État, après avoir changé les pièces trop remarquables.

De sorte que ces malheureuses selles reparaissaient toujours en scène, comme dans un défilé au Châtelet, mais chaque voyage rapportait nombre de livres sterling à Mrs. D.

Il est donc aisé de comprendre qu'il ne restait plus d'argent pour ceux qui se battaient!

X

Après quarante-huit heures de combat d'Elandsfontein à Florida, le 29 et le 30 mai, nous sommes coupés de la route de Prétoria par le général French et sa cavalerie.

Sans chevaux, il est impossible de tenter de suivre la retraite, et nous sommes pris dans Johannesburg.

Nous parvenons à entrer dans la police des mines, qui nous offre un abri momentané, et nous évitera peut-être une villégiature à Sainte-Hélène; car nous sommes décidés à ne pas prêter serment de neutralité, et à reprendre la campagne dès qu'il nous sera possible.

Le 31 mai, les Anglais entrent dans Johannesburg. Le drapeau anglais est arboré en grande pompe, à midi, sur la place du Gouvernement, en présence de lord Roberts. Le docteur Krauss a été chargé de rendre la ville.

Johannesburg est une ville très anglaise. Sa conduite lors du Jameson's raid le dit assez; et des Burghers de vieille roche, qui, blessés, avaient été transportés dans son hôpital, se sauvèrent maintes fois avant leur guérison plutôt que de demeurer dans la ville ennemie.

Aussi l' « Union Jack » est-il accueilli par des « Hip! Hip! Hurrah! » assez nourris.

Cependant, nous rencontrons souvent dans la foule, des Burghers qui, comme nous, n'attendent que l'occasion de pouvoir retourner « au front ».

J'ai vu un vieillard pleurer silencieusement.

Je ne suis pas un sentimental, mais j'ai rarement ressenti plus poignante émotion que devant ce désespoir muet, et si digne...

Je suis parti; je crois que j'aurais pleuré aussi...

L'entrée des troupes commence vers dix heures et demie, et dure jusqu'à quatre heures. Douze mille hommes environ ont ainsi défilé dans la ville; et dans les environs, jusqu'à

Elandsfontein il en est passé, dit-on, près de cinquante mille.

Mais quel défilé! Pas d'ordre, à peine de rangs. Pas de tenue; officiers et soldats mêlés, sales, parfois en loques. Ils n'ont pas mangé depuis la veille, et ce jour-là la ration avait été de deux biscuits!

Ils vont, ils se traînent plutôt, la tête basse, portant le fusil qui sur l'épaule, qui à la bretelle, qui le canon en bas et la crosse en haut. Les uns sans baïonnette, les autres baïonnette au canon...

Quelques officiers ont de nos carabines Mauser, d'autres des Lee Enfield, d'autres des Sporting.

Presque tous, officiers et soldats, s'appuient sur des cannes.

Ils viennent de couvrir, de Blœmfontein à Johannesburg, deux cent cinquante milles, combattant chaque jour, et faisant parfois des étapes de quarante-cinq kilomètres à travers champs.

Il y a quelques jours, à Kroonstad, les convois n'étaient pas encore arrivés; lord Roberts, voulant continuer son mouvement en avant à marches forcées, demande à l'intendant :

— Pouvez-vous donner la ration?

— Non, monsieur[1].

— La demi-ration?

— Non, monsieur.

— Le quart de ration?

— Peut-être!

Sur cette réponse problématique, le maréchal fait part de la situation à ses soldats.

Et par acclamation la troupe répond :

— Pour lord Roberts, nous marcherons sans ration.

Les Black-watch, sur un millier qu'ils étaient lors de leur débarquement au Transvaal, passent une soixantaine derrière leurs « bag-pipers »... Les autres sont ensevelis dans les tranchées de Maggersfontein, ou au pied de Dorn Kop.

Sauf quelques bataillons nouvellement arrivés, ce ne sont que des squelettes de régiments.

En voyant ces troupes hâves et défaites se traîner, notre esprit involontairement se reporte vers celui qui a promené nos Pères dans toutes les capitales de l'Europe.

1. Dans l'armée anglaise, tout inférieur parlant à un supérieur ne l'appelle pas par son grade, mais « sir ».

Malgré les fatigues, les privations et les durs combats, ce n'est pas comme cela, je crois, que la Grande Armée, derrière l'Empereur et ses états-majors chamarrés, entrait dans Vienne ou dans Berlin !

L'artillerie est en meilleur état ; une quinzaine de batteries sont attelées de splendides chevaux. J'ai vu à certains hommes des « cobs » valant facilement deux à trois cents louis.

Il y a aussi quelques pièces de siège et de marine de 15 centimètres — dont une du *Monarch* — avec des attelages de trente-deux bœufs.

C'est derrière cette puissante artillerie, criblant, par principe, tout le terrain devant elle, occupé ou non, que, depuis Blœmfontein, l'armée anglaise s'avance.

Si nous avions eu une « cavalerie », il me semble qu'une action rapide et énergique, aurait pu souvent lui faire subir des pertes considérables de matériel : car les Anglais, se fondant sur notre manque absolu d'offensive, ont laissé parfois des batteries bien « en l'air ».

Puis, vient un nombreux parc : télégraphie,

aérostats, appareils de forage pour creuser des puits, pompes, etc.

Ces troupes ne font du reste que traverser la ville, y laissant une garnison sous les ordres du colonel Mackensie (commandant le Seaforth Highlanders), nommé gouverneur.

Dès le lendemain, 1er mai, une proclamation de : Frederick Sleigh, baron Roberts de Kandahar et Waterford, K. P.; G. C. B.; G. C. S. I.; G. C. I. E., V. C.[1], field-marschal, commandant en chef les forces de Sa Majesté dans l'Afrique du Sud,

« Assure la population non combattante de sa protection.

» Tous les Burghers qui n'ont commis aucun acte de violence contre les sujets de S. M., contraires aux lois civilisées, sont autorisés à rentrer chez eux, après avoir rendu leurs armes, et s'être engagés à ne plus prendre part aux hostilités. Il leur sera donné des passeports.

» Le gouvernement de S. M. respectera la propriété privée des habitants de la République

1. Grand-croix du Bain, grand-croix de l'Étoile de l'Inde, grand-croix d'Égypte, décoré de la Victoria Cross.

Sud-Africaine, dans la mesure compatible avec les exigences de la guerre.

» Toute atteinte individuelle à la propriété sera sévèrement punie.

» *God save the Queen!*

« Donné sous ma main et mon sceau à Johannesburg, le 31 mai 1900. »

En même temps, une ordonnance règle le prix des denrées pour la troupe : trente shillings le sac de cent soixante-huit livres d'avoine, ce qui fait cinquante francs les cent kilogrammes. La tisane de Champagne, cent soixante shillings la caisse. Le tabac, de trois à sept shillings la livre, etc.

Profitons de nos éphémères fonctions de policeman pour visiter un peu la ville.

Johannesburg n'est pas le premier centre minier exploité au Transvaal; et, dès 1886, les premiers pionniers s'établissaient à Barberton.

Quelques années plus tard, les frères Strubens, prospecteurs émérites, découvrirent un filon aurifère dans le Witwatersrand près de la ferme de Langlaagte. Quelques huttes éparses composaient alors Johannesburg, qui aujourd'hui compte plus de cent mille habitants. J'entends avant la guerre, naturellement.

C'est la ville des « business ».

Le centre est occupé par le « Post Office », vaste monument devant lequel s'étend une place immense : le marché.

Là, en temps ordinaire, de nombreux chariots viennent apporter tout ce qui est nécessaire à la vie : fruits, légumes, « mealies »[1], etc.

Les rues principales, Commissioner-Street, Market-Street, Pritchard-Street, President-Street, sont larges, propres et bordées de fort jolis magasins, approvisionnés de tous les objets de première nécessité ou de luxe.

Tout est éclairé à l'électricité.

Les pâtés de maisons, à trois et quatre étages, prennent le nom de « Building », et souvent appartiennent au même propriétaire ou à la même société dont ils portent le nom : Aegis Building, Commissioner-Street; S. A. Mutual Building; Standart Building; Heritier Building.

Les maisons ne sont pas numérotées, ce qui n'a aucun inconvénient pour les facteurs,

1. Espèce de mil dont se nourrissent les Cafres.

ceux-ci n'existant pas. Chaque habitant, moyennant une légère rétribution, a son « box » à la poste, et va y chercher son courrier quand bon lui semble.

Johannesburg possède un corps de pompiers très bien organisé, et des pompes à vapeur, échelles, sacs de sauvetage, etc., des derniers modèles. Le capitaine, un Anglais, je crois, est allé faire des stages à Paris, à Londres et à New-York. Il est même titulaire de notre médaille de sauvetage.

Les hommes portent la tenue des pompiers anglais.

Dans la ville, chemisiers, tailleurs, bijoutiers, modistes françaises, couturiers, selliers, marchands de musique, ne le cèdent en rien aux meilleurs spécialistes européens.

La vie du reste est assez chère, et tout objet de luxe devient immédiatement hors de prix.

Les fiacres, sales, mal attelés de deux chevaux étiques et mal conduits, coûtent sept shillings l'heure. Aussi emploie-t-on généralement des sortes de petits cabriolets très légers, tirés par un noir.

Le prix en est beaucoup moins cher, et l'on

va relativement assez vite; car ces nègres, cafres ou zoulous, très entraînés, peuvent soutenir des séances de « pas gymnastique » extraordinairement longues.

La monnaie en circulation a été longtemps la monnaie anglaise. Mais, en 1892, première émission, le Transvaal frappe à l'effigie du président Krüger, livres et shillings.

Le Free State ne bat pas monnaie, et se sert des pièces anglaises ou transvaaliennes.

La monnaie de billon, dont le président Kruger n'a fait frapper que très peu d'exemplaires, n'a pas cours; et la plus petite unité monétaire est le « tiket » d'argent de trois pences[1].

Le journal de Johannesburg, *The Standart and Diggers News* ou le *Wolkstrem*, organe du gouvernement, valent donc six sous.

A Johannesburg, bien plus qu'à Prétoria, parce que la ville est beaucoup plus anglaise, les maisons du centre ne contiennent guère que les bureaux; et toute personne un peu fortunée

1. Des officiers anglais ont vu, paraît-il, pour la première fois à Elandsfontein, un « Kruger's penny » et l'ont acheté deux livres st. (cinquante francs). — Le prix courant du « Kruger's penny » est de deux à trois shillings (2 fr. 50 à 3 fr. 75).

habite dans les environs, soit sur la hauteur au delà du fort, soit au bout de « Main Street », dans le grand parc de Belgravia.

La plupart de ces cottages, d'un prix élevé, sont installés d'une façon très luxueuse et confortable.

Un jardin plus ou moins vaste est absolument de rigueur.

La plus grande partie de la population est très joueuse ; et il n'est pas rare — au temps des affaires naturellement — de retrouver « bar man » ou mineur, tel gentleman qui, quelques mois auparavant, étonnait la ville par le luxe de ses attelages.

Et personne n'en est surpris, car le prochain « boum » en fera peut-être de nouveau un riche fashionable.

Je pourrais citer tel jeune homme que j'ai bien connu, qui, à deux reprises, a été plusieurs fois millionnaire, et qui, ruiné deux fois, était en train récemment d'édifier une troisième fortune.

Il n'a guère plus de trente ans.

Du reste, Johannesburg n'est qu'une ville de passage : on s'y établit juste le temps de gagner de l'argent, et, une fois fortune faite, on retourne en son pays.

Le but est de gagner le plus d'argent possible, et le plus vite possible.

Fondée sur ce principe et composée de nombre d'aventuriers, la société cosmopolite qu'on y trouve ne saurait donner des garanties de moralité bien considérables...

Peu importent, du reste, les antécédents : tel commerçant, condamné en France, y jouit de la parfaite considération que lui valent les cinq cent mille livres qu'il a su gagner avec l'argent volé dans sa faillite frauduleuse.

Je me suis même laissé raconter qu'il y a quelques années, l'extradition d'un bandit avait été accompagnée de scènes de désordre et d'une adresse de protestation, parce qu'il n'avait pas volé depuis son arrivée à Johannesburg! Il y avait gagné une somme assez ronde et fut accompagné à la gare par nombre d'amis

. . . .

En parlant de Johannesburg, nous serions impardonnables de ne pas dire quelques mots des mines d'or.

Je ne suis pas bien compétent en la matière;

mais je vais raconter ce que l'on m'a cité et ce que j'ai vu; et comme l'ingénieur qui a bien voulu me renseigner me savait peu expert, ceci sera donc un petit « Manuel du parfait mineur » à l'usage des débutants.

D'abord, il y a une différence essentielle entre la façon dont l'on trouve l'or dans le Witwatersrand et celle dont on le découvre dans d'autres pays, au Klondyke, au Sénégal et au Soudan par exemple. Là-bas, l'or est en pépites, soit entre des pierres gelées, soit roulé dans le lit des rivières. La boue aurifère est ramassée, lavée, et l'or décanté.

Rien n'est plus simple.

Ici, au contraire, dans le Rand, l'exploitation est toute scientifique.

Le minerai se trouve dans des blocs de quartz et de ciment siliceux contenant des pyrites de cuivre aurifère et d'or.

Il faut donc d'abord aller chercher le filon, dont on a relevé la direction à une profondeur plus ou moins grande.

Puis, à coup de dynamite, on détache le minerai que l'on monte à la surface. Il se présente alors sous l'aspect d'une pierre très dure, blanche et légèrement veinée de bleu.

Des wagons Decauville le transportent aux batteries, et là, un concasseur qui a l'air d'un gigantesque moulin à café, puis des marteaux-pilons réunis par groupes de cinq, le réduisent en une poudre très fine, qu'un courant d'eau étend sur des tables de cuivre recouvertes de mercure.

Une grande partie de l'or, soixante pour cent environ, s'amalgame au mercure, et tous les quinze jours on gratte l'amalgame qui, après fusion, laisse volatiliser le mercure et donne de l'or presque pur.

Le résidu du premier traitement est ensuite versé dans de vastes cuves de dix à douze mètres de diamètre, où l'on a introduit du cyanure de potassium. On obtient alors une dissolution de cyanure d'or que l'on fait passer dans des caisses garnies de morceaux de zinc, sur lesquels l'or se précipite. C'est ainsi qu'on retrouve les quarante pour cent laissés par le premier traitement.

L'or ainsi recueilli est fondu en lingots. Son transport et sa vérification sont l'objet d'une foule de règlements.

Voilà pour la partie scientifique. Le reste est plus facile.

Le gros œuvre est fourni par des Cafres ou des Zoulous, sous la direction de mineurs blancs qui gagnent environ vingt-cinq livres par mois et vivent dans les « boarding house » de la mine.

Les noirs sont réunis dans des « compound » où l'on ne laisse pénétrer aucun alcool. Ils y sont nourris, et, du reste, vivent de peu.

Leur idéal est de gagner assez d'argent pour pouvoir retourner dans leur pays, acheter deux femmes et ne plus rien faire : leurs épouses travaillant désormais pour eux.

Il leur faut deux ans environ pour réaliser leur rêve. Ce temps expiré, il est impossible de les garder à la mine.

La première année d'exploitation (1888) a donné un million de livres environ. En 1895, on a extrait soixante-neuf mille cinq cent quatre-vingt-quinze kilos, soit plus de huit millions de livres. Enfin du 1er janvier au 31 août 1899, cent huit mille neuf cent vingt-quatre kilos ont produit près de treize millions de livres.

Les bénéfices nets de ces exploitations se

trouvent considérablement diminués par le prix énorme de revient, résultant de la cherté de la main d'œuvre européenne, et des taxes excessivement lourdes mises par le gouvernement du Transvaal sur les droits d'extraction et l'entrée des explosifs.

En ce moment, les exploitations sont tout à fait arrêtées.

Dans la ville, les hôpitaux et les ambulances étant bondés, les hôtels sont réquisitionnés pour les malades.

Devant le « Victoria Hotel », il y a parfois des files de dix ou quinze voitures amenant des blessés.

... Souvent le soir, à la nuit tombante, un tombereau passe, dans lequel, furtivement, on glisse de longues et lourdes caisses de bois blanc...

En effet, les pertes *avouées* sont terribles. Que sont-elles en réalité?

Vers le milieu de décembre, le War Office annonçait sept mille trois cent cinquante hommes. Au commencement de février ce chiffre était doublé, et les trois tentatives de Buller sur la Tugela coûtaient à elles seules mille quarante-six tués, trois mille sept cent quatre-vingt-cinq blessés, cinq cent treize morts de maladie et plus de quinze cents manquants.

Au mois de mars, on en déclare près de quatorze mille. C'est l'époque de la mauvaise saison, et les maladies, l'entérite plus particulièrement, creusent plus que les balles, des vides profonds dans les rangs anglais.

Le 10 mai, près de dix-huit mille hommes manquent, dont plus de cinq mille morts.

Du côté des Boërs, les statistiques sont plus difficiles à contrôler surtout lorsque l'on se trouve en face de différences comme celles-ci : les rapports et le bruit répandu veulent que la bataille de Colenso, le 15 décembre, ait coûté aux Burghers huit tués et quatorze blessés.... Je trouve cependant un compte rendu de la Croix-Rouge, accusant pour cette journée soixante-dix-sept tués et deux cent dix blessés...

Qui croire?

Il est certain, que de tout temps, les belligérants ont essayé de dissimuler leurs pertes et que ces escamotages ont été plus faciles au milieu de groupes incohérents comme les commandos que dans des bataillons réguliers.

V. R.

POLICE NOTICE

1. All Civilians are required to remain in their houses between the hours 7 p.m. and 6.30 a.m. unless provided with a pass signed by the Military Commissioner of Police.
2. No Natives are allowed in the town except such as are permanently employed within its limits.
3. All Liquor Stores, Bars, and Kaffir Eating Houses are closed until further orders. No liquor will be sold except on the written order of an Officer of Her Majesty's Forces.
4. All Jewellers Shops are closed.
5. No civilian is allowed to ride or drive, or ride a bicycle within the town unless provided with a Pass signed by the Military Commissioner of Police.
6. Any person disobeying these regulations is liable to arrest, and will be dealt with under Martial Law.

FRANCIS DAVIES, MAJOR GRENADIER GUARDS.
MILITARY COMMISSIONER OF POLICE.

POLITIE KENNISGEVING.

1. Alle Inwoners worden hierbij bevolen om in hun huizen te blyven van 7 uur 's avonds tot 6.30 uur 's morgens indien niet voorzien van een Paspoort, geteekend door de Militaire Commissaris van Politie.
2. Geen Kleurlingen mogen in de Stad zyn indien zy geen vast werk hebben daarin.
3. Alle Bottel Stores, Bars en Kleurling Kosthuizen moeten gesloten worden tot nadere kennisgeving. Geen Drank mag verkocht worden indien niet voorzien van een Permit van den Officier van Harer Majesteit's Troepen.
4. Alle Jewelier Winkels moeten gesloten worden.
5. Geen Inwoner mag ryden te Paard, Rytuig of Bicycle in de Stad, zonder voorzien te zyn van een permit, geteekend door de Militaire Commissaris van Politie.
6. Eenig persoon die deze Regulaties niet opvolgt, zal gestraft worden onder de Krygswet.

By Order,

FRANCIS DAVIES, MAJOR GRENADIER GUARDS,
MILITAIRE COMMISSARIS VAN POLITIE.

REPRODUCTION D'UN ARRÊTÉ DE POLICE AFFICHÉ À JOHANNESBURG ET À PRÉTORIA LORS DE L'ARRIVÉE DES ANGLAIS (Voir p. 231).

Un jour, le 10 juin, je crois, on réquisitionne toute la police des mines pour transporter des blessés, de la gare aux hôpitaux. Il y en a des quantités, et ils ont reçu l'ordre de ne pas dire d'où ils viennent ; il est également interdit aux policemen de leur parler sous quelque prétexte que ce soit. Y aurait-il quelque chose de grave? Nous n'avons jamais su exactement ce qu'il en était.

Prétoria a été occupée le 5 juin ; les nouvelles ne nous arrivent que rares, censurées et des plus fantaisistes.

Des mesures de police très sévères ont été prises ici comme à Johannesburg. Tout le monde doit être rentré, d'abord à sept heures du soir, puis à huit heures et demie. Les rues et les carrefours sont gardés militairement. Les magasins de bijouterie, les bars et marchands d'alcools sont fermés par ordre.

Personne ne peut toucher d'argent sans avoir obtenu une autorisation de l'autorité militaire, et les retraits de fonds ne peuvent excéder une certaine somme, — vingt livres par semaine, je crois, — sans une permission spéciale.

Enfin, pour résider dans la ville, il faut

obtenir un « pass » et prêter serment de fidélité. Ceux qui, comme nous, ne veulent pas s'y résoudre, sont obligés de se cacher comme des proscrits, sous peine d'être envoyés de suite au fort et de là à Ceylan. Nous donnons à la page précédente la reproduction photographique de cette mesure de police, affichée dans la ville.

Il y a quelques jours, un Allemand, en plein midi, est venu mettre bas le drapeau anglais qui flottait sur la place du Gouvernement. Le factionnaire interloqué le laisse faire, puis l'interroge :

— Ce n'est pas sa place, répond l'Allemand.

Et il continue tranquillement sa besogne.

A la fin il est arrêté et condamné à neuf mois de « hard labour ».

Cette vie inactive m'est insupportable.

A la fin de juin, cherchant toujours un moyen de retourner « au front », je puis « trouver » des papiers d'officier de la police anglaise.

A moi la liberté !

XI

— A moi la liberté!

Et d'un geste bref mais convaincu, je tire mon coup de chapeau à la ville de l'or.

Ayant roulé dans un manteau quelques provisions essentielles, je réussis, après trois jours de marche, tantôt dans des voitures d'amis dévoués, tantôt à pied pour ne pas éveiller l'attention, à traverser les lignes anglaises à Boksburg.

Là, le long de la voie du chemin de fer, près du passage à niveau, un escadron de lanciers est campé; mais, prenant l'allure calme et l'air désintéressé d'un homme qui a la conscience tranquille, je passe au milieu d'eux sans être inquiété. Plus loin, sur la route, sont deux petits postes qu'une mare profonde et à sec me permet d'éviter.

A la nuit tombante, je couche près de Benoni.

Le commandant Derksen, du Boksburg-Commando, est dans les environs et je dois le rencontrer vers le nord-est.

Les nuits commencent à être terriblement froides.

Dès quatre heures du matin, le 4 juillet, je suis de nouveau en route, et je marche toute la journée jusqu'à neuf heures du soir. J'ai les pieds en sang.

J'arrive enfin à une ferme, où je suis reçu plutôt fraîchement, car on me prend pour un espion. Mais, j'exhibe mes papiers de « burgher », et je suis choyé comme un fils. On m'offre des œufs, du lait, du biscuit, et l'hospitalité pour la nuit.

Étant donné que je n'ai pas de couverture et qu'il fait un froid terrible, cette dernière proposition m'enchante.

Mon hôtesse a trois fils avec Derksen et un quatrième avec de Wett. Celui-ci c'est « Baby », comme elle l'appelle, en me montrant la photographie de ce petit dernier qui peut avoir quarante ans, et dont la barbe descend jusqu'à la ceinture.

Ceux-là sont des braves gens, des Boërs de la vieille école, hospitaliers et patriotes.

Bref, on me confectionne un lit dans une sorte de vieille calèche de voyage, cachée dans la remise, et après une demi-heure de combat acharné contre une nuée de souris, je m'endors.

Mais je suis réveillé deux fois par des retours offensifs des rongeurs, et une troisième fois par un bonhomme à longue barbe, qui me dit :

— *Obsal!*

Je suis d'abord un peu étonné. Enfin je finis par m'expliquer et comprendre.

Une patrouille, commandée par un Botha (cousin du généralissime), est passée à la ferme vers trois heures du matin.

Mon hôtesse a expliqué mon cas, et on venait me demander si je voulais les suivre...

J'accepte avec enthousiasme, et aussitôt commencent de rapides préparatifs.

On me trouve un cheval étique, auquel une couverture tient lieu de selle, deux ficelles pour étriers, et me voilà équipé et armé d'un

Lee Metford pris aux Anglais peu de temps auparavant.

Don Quichotte !

Nous prenons tous le café au lait et le biscuit obligatoires, et en route !

Nous marchons en zigzag dans la direction du nord, vers Irène ; Derksen est un peu plus à l'est.

Vers neuf heures du soir, nous couchons dans le Veld.

Je crois que je n'ai jamais autant souffert du froid. Il y a de la glace partout, et je n'ai d'autre couverture que ma selle qui, trempée par la sueur du cheval, est raide comme du bois en moins de dix minutes. Il est impossible de fermer l'œil, et la douleur est telle, qu'il faut absolument se relever pour marcher afin de se réchauffer un peu ; mais alors ma blessure au pied, qui est à vif, me fait cruellement souffrir.

Mauvaise nuit !

Quelques jours après, du reste, un officier de la première brigade de « Mounted Infantry » sera trouvé mort de froid, au bivouac, malgré ses couvertures.

Nous partons au jour, le 6. vers un kraal cafre. Vers sept heures et demie, trois coups de canon sont tirés sans que nous puissions définir exactement d'où ils viennent, puis plus rien.

Vers huit heures, un groupe d'une quinzaine de cavaliers, coiffés de chapeaux de feutre et vêtus de longs pardessus foncés, vient vers nous puis, brusquement, fait demi-tour et s'enfuit au galop. Nous poursuivons quelques centaines de mètres. Nous sommes quatorze en tout.

Parvenu au sommet d'un kopje, ce groupe disparaît, et lorsqu'à notre tour nous dépassons la crête, nous sommes reçus à coups de fusil. Ils sont, à quatre cents mètres environ, une quarantaine. Nous retournons vivement en arrière pour mettre nos chevaux à l'abri de l'autre côté, et nous commençons à répondre.

Un Burgher est blessé à la tête.

Nous sommes couchés derrière des rochers, et malgré notre infériorité numérique la partie est à peu près égale.

Puis, un autre Burgher et mon voisin sont blessés presque ensemble : ce dernier à la cuisse, probablement par un ricochet.

La blessure est sérieuse. Je lui prends son Mauser et ses cartouches....

Je ne sais pas très bien le temps qu'a duré cette petite fête... peut-être dix minutes.

Soudain, des coups de feu partent dans notre dos. Un de nos chevaux tombe, et Botha est traversé de part en part. Nous sommes cernés par trois cents hommes environ; ce sont des « Imperial Light Horses ».

Il n'y a rien à faire. Un Burgher du nom de Marais lève un foulard blanc.

Nous ne sommes plus que dix sur pied.

Je suis remis entre les mains d'officiers anglais auprès desquels je trouve l'accueil le plus courtois qu'il soit possible de rêver. L'action s'étant étendue sur toute la ligne, je suis ramené en arrière.

Dans la soirée, je suis confié aux « Connaugh Rangers » qui sont demeurés en réserve.

Connaissant ma nationalité et mon ancien grade dans l'armée française :

— Nous sommes alliés maintenant, me disent-ils, puisque nous faisons cause commune en Chine!

Je me fais donner force détails sur cette

guerre d'Extrême-Orient, dont nous ne nous doutons pas, étant privés de toutes communications avec l'Europe depuis avril.

Comptant venir prendre part à cette expédition, en reprenant du service à la Légion étrangère, je me décide à donner ma parole au général H***, commandant la colonne.

J'ai, en attendant, auprès des officiers, les renseignements les plus intéressants sur la campagne que nous venons de faire les uns contre les autres. Il y a là des survivants de Colenso et de Spion Kop, et des assiégés de Ladysmith.

Le « Connaught Ranger » est commandé par le colonel Brooke, qui fut très grièvement blessé le matin de Colenso, près du pont du chemin de fer. Il fait fonction de général commandant la brigade irlandaise.

Il m'invite à dîner à sa table, auprès de lui, et le soir, tandis que la plupart des officiers couchent en plein air, il m'offre la moitié d'une petite case constituant sa chambre, et lui-même va chercher une botte de paille pour me faire un lit.

Puis, c'est à qui m'apportera une couverture, un manteau, une pèlerine si bien que, finalement, je crois que dans tout le camp j'étais le mieux couvert.

Dans la soirée, une dépêche annonce au colonel Brooke qu'il est promu général.

Je m'associe volontiers aux toasts qu'on lui porte, car c'est là un beau et noble côté du métier militaire que cette absence absolue de rancune qui fait que, la bataille finie, on se serre volontiers la main et sans arrière-pensée, quitte à s'écharper de nouveau quelques heures après.

Le 7 juillet, réveil vers six heures. Un « captain » m'apporte lui-même, dans une cuvette de caoutchouc, de l'eau chaude, des éponges, du savon; puis le breakfast est servi.

Porridge sans lait, harengs saurs, beurre, confitures, biscuits, café, thé.

Mais, l'ordre de se mettre en selle vient d'arriver à la brigade irlandaise, et je suis conduit à l'état-major de la 1er brigade de « Mounted Infantry. »

Je suis très bien reçu par le « Staaf Officer[1] » du général Hutton; c'est un lieutenant.

1. Officier d'état-major.

L'officier supérieur qui m'amène, le major M. D... du 2e « Royal Irish Fusilers », lui demande s'il parle français; sur sa réponse affirmative, je suis enchanté.

Je le retrouve dans sa tente pour le lunch. La conversation languit : il n'a pas encore ouvert la bouche, si j'ose m'exprimer ainsi, car il mange de fort bon appétit la grillade de mouton que son ordonnance nous a servie.

Tout à coup, il me dit :

— *Navet du pon.*

Aimablement je m'incline, pensant à un plat aux navets quelconque. « Du pon » me chiffonnait bien un peu; mais, ce pouvait être des « navets Dupont », comme des « bouchées Lucullus » ou une « purée Soubise ».

Je m'émerveillais déjà de l'éducation culinaire de mon hôte.

Enfin, dans la suite, ayant souvent entendu la phrase, sans jamais voir de navets, j'ai compris qu'il voulait me dire : « N'avez-vous du pain? »

Et c'est ce qu'il savait le mieux en français.

Ce séjour à l'état-major de la colonne Hutton fut néanmoins très intéressant.

J'apprends que nous avons tué la veille le captain Currie et le lieutenant Kirk, de l' « Imperial Light Horse », et j'assiste à trois jours de bataille. Le troisième jour, les obus viennent même assez près pour me donner un moment la perspective d'être tué par des amis!

Voici ce que je note, heure par heure, pour ainsi dire.

Le 7, le combat s'engage de bon matin vers l'est, on l'entend, mais on ne distingue rien; de midi à trois heures, la canonnade est assez vive vers Olifantsfontein. C'est, je crois, l'engagement de Witklip.

Les pertes anglaises sont d'une cinquantaine d'hommes, dont une dizaine de tués.

Le 8 juillet au matin, vingt hommes partent à cheval avec des pelles et des pioches pour enterrer les morts de la veille. Ils sont précédés d'un grand drapeau blanc. A dix heures et demie, quelques coups de canon est-sud-est, puis, tout à coup, à onze heures cinq, partent trois détachements de « Mounted Rifles ».

Des estafettes et des officiers galopent en tous sens.

Je crois que les Anglais ont été absolument surpris par un retour des Boërs.

On attelle beaucoup et très vite. Tout autour du bivouac, des cavaliers ramènent au galop les attelages, bœufs, mules et chevaux, qui étaient au pâturage.

Les « Mounted Rifles » couronnent au galop, en fourrageurs sur deux lignes, la crête qui est à un mille, et vers laquelle on s'est battu la veille.

A onze heures et quart, un détachement nombreux de « Mounted Rifles » passe encore et rend les honneurs au factionnaire qui est devant le quartier général.

Ils peuvent être en tout trois à quatre escadrons.

Il est difficile de se rendre compte exactement des unités, car tous marchent un peu pêle-mêle, et il se peut très bien, étant donné la réduction d'effectif de certains corps, qu'une colonne de deux à trois cents hommes soit un régiment entier.

Un capitaine des « Irish » me disait, hier, qu'il avait soixante-dix-huit hommes à l'effectif de sa compagnie *complétée* par des yeomen; et il fit appeler son adjudant pour contrôler le chiffre qu'il me donnait.

A onze heures vingt, une batterie du Royal Field Artillery part au grand trot dans la même direction.

Une fraction de cinquante hommes environ rentre au pas.

A une centaine de mètres de mon point d'observation, — une vieille carriole — la brigade Irlandaise et les Border's sont l'arme au pied. Un bataillon se porte en avant à onze heures et demie.

Cinq minutes après, une seconde batterie, un grand canon de marine de 10 centimètres, traîné par vingt bœufs, vont rejoindre la ligne de combat avec le reste des Irlandais.

Tout cela a été bien vite prêt : on sent les hommes rompus aux alertes par six mois de guerre. Il y a trente-cinq minutes, les hommes vaquaient à leurs occupations et les bêtes étaient au pâturage; et maintenant plus de la moitié des hommes sont engagés, et tout est attelé, n'attendant que l'ordre du départ.

Les fossoyeurs rentrent au galop, et un homme arrive pour hâter la marche du « navy gun » dont les bœufs sont déjà presque au trot.

A onze heures cinquante-cinq, deux nouveaux canons de marine, à vingt bœufs également, vont rejoindre les autres. Une grande voiture d'ambulance suit.

Dans le camp, un chien hurle à la mort d'une façon lugubre.

La canonnade faiblit un peu.

A midi, un chariot de munitions, attelé de dix mules, va ravitailler la ligne des combattants.

... Qu'il est regrettable que les Burghers, cantonnés dans leur tactique défensive, ignorent les mouvements de flanc ou de revers!

Il n'y a de flancs gardes ni à droite ni à gauche. Toutes les troupes sont parties dans la direction du canon, c'est-à-dire vers l'est; et dans ce camp immense, contenant plusieurs centaines de voitures, il ne reste guère plus d'un peloton de « Mounted Rifles » et d'un demi-bataillon d'infanterie.

Avec une poignée d'hommes on pourrait enlever le camp et le bouleverser!

Et en plus de l'effet matériel, quel effet moral

pour les troupes engagées là-bas, à un mille et demi, de sentir un ennemi, si faible qu'il soit, maître de la route de retraite et occupé à piller les vivres et les munitions !

Il est vrai que les Boërs ne savent pas dans quel état est le camp, et l'eussent-ils su, ils n'auraient rien tenté contre lui; mais cette circonstance, que viennent confirmer bien d'autres exemples, tendrait à me convaincre encore davantage, s'il était possible, que le grand secret de la guerre c'est d'*oser*.

Murat, Lassalle, et tant d'autres sabreurs fameux n'avaient guère, je crois, d'autre science.

Et l'Empereur, l'Empereur lui-même, dans la conception de ses plus belles campagnes, dans l'action de ses plus étourdissantes victoires, n'était-il pas un grand audacieux?

Vers midi et demi, la canonnade cesse. Elle reprend un peu vers trois heures et quatre heures et demie.

A trois heures, un grand chariot de munitions est encore envoyé.

Le soir on n'annonce pas de pertes.

L'état-major est sur pied jusqu'à une heure

du matin, et une longue dépêche chiffrée est envoyée à Prétoria.

Dans la soirée, assez tard, j'entends des mouvements de troupes, qui reprennent le lendemain dès le crépuscule.

9 juillet. — De sept heures à sept heures et demie, une batterie et de nombreux pelotons de « Mounted Rifles », dix ou quinze, se portent vers l'est-sud-est, fortement flanqués à droite (sud) d'autres Mounted Rifles et d'une batterie.

Ce matin, il y avait deux centimètres de glace sur les seaux d'artillerie, et vers midi, on reste aisément en chemise. Cette variation extrême, de plus de 37 degrés dans les vingt-quatre heures, est très pénible. Du reste, nous sommes en plein hiver, et le jour tombe à cinq heures.

A huit heures, la canonnade, très nourrie, semble plus rapprochée que les jours précédents; les obus boërs, trop longs, éclatent entre le camp et la ligne des canons anglais que nous apercevons très bien.

L'infanterie a pris position vers l'est-sud-est.

L'officier d'état-major me dit que l'on est engagé avec les cinq mille hommes du général

Botha... Je n'ai aucune appréciation à lui donner, mais je suis convaincu qu'il se trompe; et les renseignements obtenus plus tard me donneront raison.

Je penserais plutôt que c'est ce brave Derksen, qui aura pu réunir cinq ou six cents hommes, et qui s'amuse par des mouvements inattendus et rapides, à faire croire à la présence de forces considérables.

Mon « staaf-officer » me dit également que le général Hutton a sous ses ordres six mille hommes, trois batteries et quatre canons de marine. Ceci, d'après ce que l'on voit, peut être exact.

Il y a, en tout cas, un convoi formidable... Les canons tonnent toujours.

L'héliographe marche sans discontinuer.

On me présente un sergent à quatre chevrons; il est le plus ancien de la batterie n° 66, placée là en réserve.

Ce vieux sergent était le sous-officier du lieutenant Roberts, tué à Colenso.

Dans la journée, quatre voitures d'ambulance sont dirigées vers la ligne de combat.

Primitivement, je devais être emmené à Prétoria, mais le convoi changeant de route, on me conduira à Springs.

Nous sommes une quinzaine de prisonniers sans compter les blessés.

A quatre heures et demie, la canonnade se rapproche beaucoup ; mais il faut partir, le convoi est prêt.

Il se compose d'une cinquantaine de chariots à bœufs, dont huit ou dix sont remplis de blessés couchés en tous sens.

Nous, les prisonniers, nous sommes en tête du convoi, sérieusement escortés par des fantassins et des cavaliers. Notre marche est éclairée par quelques cavaliers irréguliers.

Ceux-ci, recrutés en général parmi des Afrikanders, voire même quelquefois des Boërs, connaissent parfaitement le pays.

Notre guide est originaire du village de Boksburg, et sait le nom de tous les hommes de Derksen, qui commande le Boksburg-Commando.

Je ne dissimule pas à ce rénégat le dégoût que m'inspire sa conduite.

Mais rien ne le distrait de ses fonctions, car il a une sainte frayeur de tomber entre les mains des Boërs !

Dans la nuit, de tous côtés, des feux de brousse rougissent l'horizon, et à plusieurs reprises, on vient nous demander avec inquiétude si ce sont des signaux.

A vrai dire, je n'en sais rien, mais je ne le crois pas.

Du reste, à cause du maigre combustible que leur offre la petite herbe sèche qui couvre le Veld, les incendies que nous voyons ici sont loin de donner la grandiose impression des embrasements de la brousse soudanaise, dont les hautes herbes mesurent deux et trois mètres. Dans ces tourmentes de feu, en effet, les flammes semblent lécher le ciel, les arbres les plus grands se tordent calcinés, comme de simples fétus.

Enfin, pour le moment, les incendies environnants ne parviennent pas à réchauffer l'atmosphère, et il fait un froid terrible. Tant bien que mal nous arrivons à Springs à une heure et demie du matin, sans avoir dîné, et tellement gelés que nous sommes obligés de nous assurer d'un coup d'œil que nos mains et nos pieds sont encore à leur place.

Nous couchons pêle-mêle au corps de garde de la gare.

Dès le matin du 10, le major Pelletier, du « Royal Canadian » vient me chercher pour le breakfast au mess.

Mais le captain O'Gilvie, commandant la station, ne veut pas me laisser quitter son domaine tant que je ne serais pas allé chez lui faire ma toilette.

Ces soins terminés, je pars avec le major.

C'est un homme charmant, Canadien français, comme son nom l'indique d'ailleurs, originaire d'un petit village de Normandie.

J'achève la journée avec lui.

Il me donne les détails les plus intéressants sur la vie au Canada, les chasses immenses, et m'invite à passer — plus tard — quelque temps chez lui. Il me confie en même temps qu'ici, il souffre bien de la chaleur, ainsi que ses hommes.

Moi qui gèle, je crois bien alors que je ne me rendrai jamais à son aimable invitation ; je serais mort avant d'arriver.

Je trouve également un jeune médecin dont le nom m'échappe, Canadien français aussi.

Tous, la plus grande partie des hommes comprise, parlent un très bon français, mêlé d'expressions très anciennes, et corsé d'un fort accent normand.

Beaucoup ne savent pas un mot d'anglais.

Je pars à six heures pour Johannesburg, dans le compartiment réservé aux officiers.

Mes poches ont été bourrées de journaux français du Canada qui, malgré deux mois de date, sont pour moi remplis de nouvelles encore fraîches.

A l'arrivée, je me présente au major Davies, commandant la police militaire; il sait très correctement le français, est fort aimable, et me laisse en liberté sur parole, dans la ville. Je dois seulement donner mon adresse et me présenter tous les matins à onze heures à son bureau pour faire constater ma présence.

Le 13, un complot est découvert, ayant pour but de se rendre maître de la ville. Près de cinq cents arrestations ont lieu dans la soirée.

Engagé par serment à la neutralité, je n'étais pas parmi les conjurés, et la période d'hostilités encore ouverte ne me permet pas d'en dire plus long à ce sujet.

Le 14, j'obtiens l'autorisation de rentrer en

France, et je prends le train le jour même à deux heures.

Le long de la voie, les gares et les stations sont de véritables camps retranchés. Sans cesse, nous croisons des trains de matériel, chevaux, canons et hommes, une vingtaine peut-être, et nous arrivons à Kroonstad le 15 à onze heures du matin.

Il ne reste rien des hangars ni de la gare de marchandises que nous avons brûlés, le 12 mai, avec les approvisionnements qu'ils contenaient.

Involontairement, je prends mon carnet et relis la liste des hommes qui composaient à ce moment le « French Corps » : nous n'étions pas quarante. Trois sont tués, six blessés, quatorze prisonniers, cinq disparus, les autres dispersés.

Je cherche à sortir de la gare pour aller dans la ville revoir tous ces endroits où, pleins d'espérance encore, gais, presque au complet, nous avions vécu quinze jours.

Mais la gare est entourée de factionnaires, et la consigne est inflexible.

De loin, l'aspect est lugubre : les rues sont vides; et, comme pour rappeler que partout on souffre, seuls les drapeaux de la

Croix-Rouge flottent tristement sur la ville. Au premier plan, près de nous, sur les voies de garage, des wagons abandonnés, à demi brûlés, renversés, brisés.

Autour de la ville, des hôpitaux de campagne encore, des camps immenses. On dit qu'il y a onze mille hommes.

Dans la gare règne une activité fiévreuse, un mouvement continuel. Les convois de vivres, de matériel, se succèdent sans interruption.

Dans la journée du 16 nous en avons compté une cinquantaine.

Des trains embarquent des chevaux et des mules; un autre ramène les montures hors d'usage; beaucoup de ces malheureuses bêtes sont mortes en route; la plupart des autres ne peuvent plus se porter. Elles sont traînées à quelques pas, et, dans la gare même, un sous-officier leur tire dans l'oreille le coup de grâce.

Il y en a trente ou quarante ainsi exécutées et entassées, gisant dans une mare de sang, qui, en petit ruisseau, coule vers la voie.

Sur le quai, des caisses de munitions et d'armes. Plusieurs, groupées, contiennent des carabines de cavalerie Lee Enfield, et portent la mention : *Very Urgent.*

Le 16 nous sommes encore à Kroonstad, et un train de prisonniers passe, allant à East-London.

C'est devenu pour la garnison une promenade, de se rendre à la gare voir les voyageurs.

Et deux phrases reviennent sans cesse :

— Pensez-vous que ce soit bientôt fini?

— Avez-vous des Krüger's penny?

Et Tommy est heureux quand on lui a répondu que, pour finir bientôt, ça ne finirait pas bientôt, mais que pour durer longtemps, ça ne durerait plus longtemps... tout dépend de ce que l'on entend par longtemps — ou bien quand on lui a donné un ou deux pennys à l'effigie du Président.

Enfin, nous partons à dix heures du soir. Nous traversons de nuit Brandfort, ce village où, fêtés et acclamés, nous sommes arrivés au mois de janvier avec le *Long Tom!*

Sur tout le parcours, la voie a été détrutie, et nous roulons sur des rails posés sur simples traverses sans ballast, par les soins du « Royal Engineers ».

Des tranchées ont été creusées pour passer

les ruisseaux peu profonds et desséchés, sans user de grands travaux d'art; et parfois, de petits ponts à moitié détruits servent encore, consolidés avec des traverses.

On se demande bien comment tout cela peut tenir. Mais il paraît, — c'est au camp de Springs que je l'ai appris — qu'un des principaux ingénieurs du service des chemins de fer est un civil, canadien français, qui s'est déjà distingué en Amérique par des constructions de voies extrêmement osées.

Pour avoir étonné les Américains, il faut qu'il soit en effet extraordinaire!

Il est certain que les Anglais ont su rétablir les communications avec des moyens très restreints, et d'une façon remarquablement rapide. Ce qui ne les empêche pas, du reste, d'être constamment coupées.

Le 17 juillet à huit heures et demie du matin, nous sommes à Blœmfontein... Pauvre vieille capitale de l'État libre d'Orange; elle est maintenant la ville principale de l' « Orange River Colony ».

Là encore, il y a un camp immense, une grosse partie de la division Kelly Kenny.

Nous ne restons qu'une demi-heure, et après avoir changé de train à Springfontein, nous passons à Norwal's Pont à six heures trente-cinq du soir : Nous sommes dans le Cap Colony.

Ici, nous ne roulons plus sur une voie improvisée, et le train peut aller plus vite.

Nous sommes le 18, vers sept heures et demie du matin, dans les faubourgs de Cape-Town.

Suivant l'habitude anglaise, beaucoup de commerçants ont leurs bureaux dans la ville et habitent aux environs de petits cottages qui donnent à toute cette banlieue un aspect gai et riant.

Nous embarquons donc nombre de voyageurs aux mines affairées.

Quelques minutes encore et nous sommes dans la ville. Nous descendons du train à huit heures et demie.

Mon autorisation de rentrer en France est confirmée par le général commandant la place. Je suis presque libre.

. . . .

De vagues nouvelles arrivent du front, soigneusement censurées.

Prinsloo est prisonnier avec plusieurs milliers d'hommes; mais là-bas, aussi, sur la ligne de Lourenço-Marquès, Botha se défend énergiquement.

Après la prise de Prétoria, le Gouvernement, s'incarnant pour ainsi dire dans la personne du président Krüger, a son siège dans un train formé spécialement.

Là, l'« Oom Paul » couche, reçoit, mange, habite; là aussi sont l'imprimerie officielle et le trésor. Enfin, c'est aussi dans un wagon que l'on frappe la monnaie mise en circulation.

Comme dans le départ précipité de Prétoria on n'a pas pu emporter un jeu complet de balances, les livres sterlings émises sont de simples rondelles d'or, unies, sans inscription et sans effigie.

C'est sur cette ligne aussi que se livreront les dernières grandes batailles, à Middleburg, Belfast et Machadodorp, après lesquelles, renonçant à toute tentative de défense régulière, les Boërs commenceront la campagne de guerillas, que depuis longtemps déjà de Wett mène avec succès...

Quelques jours passent encore et le bateau nous emporte...

Ce n'est pas sans un serrement de cœur, que nous nous éloignons de cette terre que nous avions rêvée libre, pour laquelle, pendant sept mois, nous avons combattu, et qui demeure le tombeau d'un chef vénéré et d'amis aimés.

CONCLUSION

Écrivain inexpérimenté, plus habitué à manier les armes que la plume, je ne sais si j'ai raconté tous ces faits d'une façon suffisamment claire et coordonnée, pour permettre d'en dégager une impression nette.

Je vais donc tâcher de consigner en quelques grandes lignes — ayant vécu ce récit — l'idée que j'ai pu m'en faire.

Tout d'abord, deux grandes questions semblent se poser :

Pourquoi les Boërs, malgré toutes leurs qualités, ont-ils été battus?

Pourquoi les Anglais, avec plus de deux cent cinquante mille hommes, demeurent-ils en échec devant une poignée de paysans?

Ces deux questions sont intimement liées,

car — cela semble un paradoxe — la raison principale de la défaite des Boërs est la cause même de la longueur de leur résistance. Je m'explique :

Je pense qu'il faut attribuer pour la plus grande part la défaite des Fédérés à leur manque absolu d'organisation militaire, car, malgré la légende des volontaires de 1792, jamais une troupe non disciplinée, si brave soit-elle, ne pourra avoir raison d'une armée régulière.

La résistance sera plus ou moins longue, les phases plus ou moins héroïques, mais l'issue est fatale.

Ce manque d'organisation, de « discipline » — voilà le grand mot — explique l'absence de cohésion, d'entente, de commandement rationnel.

Car, nous avons suffisamment indiqué, il me semble, les inconvénients du suffrage de la troupe pour l'élection des chefs.

Ensuite, quel élan peut-il y avoir lorsque ceux-ci savent parfaitement que, si bon leur semble, la moitié des hommes du commando les lâchera en route?

En admettant même qu'ils ne le fassent pas,

la confiance supporte là une terrible épreuve!

Et cependant, ces mêmes Boërs qui parfois se sont battus comme des lions et souvent se sont enfuis sans combattre, étaient susceptibles d'une éducation militaire.

La Johannesburg-Politie en est un exemple frappant. Avec sa discipline embryonnaire, à deux reprises, à Abrahamskraal le 10 mars, et près de Machadodorp le 27 août, presque seule, elle a su tenir tête une journée entière aux quarante mille hommes de lord Roberts. Et chaque fois au prix d'un tiers de son effectif!

. . . .

Maintenant, à cette grande et primordiale raison, il est venu s'en ajouter une autre, un peu excusable peut-être, mais bien nuisible en la circonstance; je veux dire la crainte et la haine de l'étranger.

Sentiment excusable, ai-je dit, car, depuis près d'un siècle, l'étranger pour le Boër c'est l'envahisseur, le spoliateur, en un mot l'ennemi!

Aussi, jamais l'ensemble des Boërs n'a compris que, par amour des belles causes, ou par passion des aventures, des hommes soient venus de tous pays, dans un but désintéressé, épouser leur querelle contre le Royaume-Uni.

Dans cet état d'âme déjà néfaste, les louanges exagérées d'une presse bien intentionnée mais maladroite, ont eu les effets les plus fâcheux.

Quelle considération, en effet, pouvaient avoir ces primitifs pour les Européens, après que Lombroso et Kuyser avaient écrit, sans rire : « Puisque soixante-treize pour cent du sang boër est hollandais, douze pour cent français, douze pour cent écossais et trois pour cent allemand, ce mélange des six meilleures nations d'Europe doit constituer un centre de liberté et de civilisation, une race supérieure à toutes celles d'Europe! »

Quelles raisons aurait-on, lorsque l'on est « la race supérieure à toutes celles d'Europe », d'écouter les avis émanant d'officiers appartenant aux armées européennes, aux races inférieures par conséquent?

A la vérité, devant la campagne remarquable que tiennent maintenant les généraux Botha et de Wett, il est permis de se demander si les Européens pourraient obtenir de meilleurs résultats?

Comme partisans, je crois, qu'il est difficile de mieux faire.

Mais si, dès le début, les avis du général de Villebois avaient été suivis, il est bien probable que la guerre de guerillas actuelle n'aurait pas eu lieu.

La campagne, depuis longtemps, serait terminée : car, lorsque les Boërs se contentaient de tenir les Anglais en échec, les Européens voulaient *vaincre*.

Sans se contenter d'engagements heureux dont on ne profitait pas, ils voulaient pousser en avant, avec l'élan qui surprend l'ennemi démoralisé, l'affole et le poursuit jusqu'à complète déroute.

Hantés par les noms qui brillent aux plis de nos étendards, Jemmapes, Valmy, Marengo, Austerlitz, nous rêvions de grandes victoires... Et si les Boërs l'avaient voulu, ce rêve pouvait se réaliser.

Pourquoi maintenant les Anglais, avec plus de deux cent cinquante mille hommes, demeurent-ils en échec devant une poignée de paysans?

J'ai dit que cette question était intimement

liée à la principale cause des défaites des Boërs : l'absence de discipline.

En effet : comment cerner, comment vaincre et écraser des adversaires qui refusent continuellement la bataille, et se dérobent dès qu'un coup leur est porté?

Sont-ils serrés de trop près? Chacun s'en va à sa guise, dans une direction différente, et le commando de cinq cents hommes qui, hier, attaquait un petit convoi, s'est aujourd'hui fondu, désagrégé, devant la colonne de deux mille hommes chargée de le prendre!

... Au loin, dans la brousse, à l'est, un cavalier finit de disparaître à l'horizon... un autre à l'ouest... et c'est tout!

Si l'un de ces hommes, individuellement, s'est trouvé trop engagé dans les lignes anglaises, la première ferme rencontrée lui offre un asile.

Son fusil est glissé sous une lame du plancher, le cheval envoyé au pâturage, le drapeau blanc flotte au-dessus de la maison, et Sa Majesté la Reine n'a pas de serviteur plus inoffensif que mon Burgher... pendant vingt-quatre heures.

Au besoin même, si l'autorité anglaise est trop voisine, un vieux fusil, — j'ai vu un fusil à pierre, — lui sera apporté en signe de soumission, et le serment prêté.

C'est ainsi que s'explique le nombre énorme d'armes rendues, tandis que les Burghers ont toujours gardé leur bon Mauser ou leur Martini-Henry et s'en servent encore !

Mais, dès que les Anglais, heureux de cette soumission nouvelle, se seront éloignés, le fusil, le bon cette fois, sera déterré, le cheval sournoisement enfourché, et « en route » !

Car la dispersion n'est que momentanée ; et loin, dans la montagne, souvent, un point de ralliement a été désigné.

Et huit jours après, le commando, de nouveau concentré, rentre en scène par un coup de main inattendu.

Cela peut durer très longtemps.

« Égaillez-vous, les gas ! » criaient les chefs vendéens. C'est cet « Egaillez-vous, les gas ! » et surtout le ralliement qui le suit, qu'une troupe régulière ne peut exécuter.

Cette façon de faire la guerre est évidemment très pénible et très fatigante pour l'envahisseur.

Mais ce n'est qu'une campagne essentiellement défensive et ne pouvant prétendre à aucun succès décisif... A moins que l'armée d'invasion ne renonce à la lutte!

Pour qui la Fortune de la guerre réserve-t-elle ses définitives faveurs?

Il est certain que les Anglais sont las, très las, et depuis longtemps déjà.

Au commencement de janvier, il y a dix mois, un soldat du 2e West York Regiment écrivait, tristement résigné :

« Nous serons tous contents lorsque cette guerre sera terminée et que cette terrible boucherie aura pris fin! »

Un autre, moins discipliné et plus vite encore découragé, un yeoman, écrivait après Colenso :

« Que je sorte de là vivant, et l'armée ne me verra plus jamais; j'en ai assez, et je regrette bien d'avoir rejoint mon régiment! »

Je ne veux pas dire que les idées de ce dernier soient très répandues, mais cela peint la fatigue de la troupe.

Et ces sentiments de lassitude, je les ai retrouvés chez tous, du général au soldat, depuis Springs jusqu'à Cape-Town.

L'armée, c'est évident, ne sera pas consultée, mais j'ai voulu consigner cette disposition d'esprit qui me semble grave.

D'un autre côté, le prestige britannique est bien engagé pour permettre à l'Angleterre de reculer sans déchoir.

Qu'adviendra-t-il? Il me paraîtrait bien osé de le dire.

« Dans le doute, abstiens-toi », a dit un sage. Je suivrai son précepte, en laissant à la méditation de ceux qui auront bien voulu me suivre jusqu'ici, cette phrase que mélancoliquement le *Westminster Gazette* publiait au mois de mars :

« Chaque Boër nous aura coûté deux mille livres à soumettre, et personne ne sait ce qu'il nous coûtera à gouverner. »

Octobre 1900.

FIN

Coulommiers. — Imp. Paul BRODARD. — 1212-9-1900.

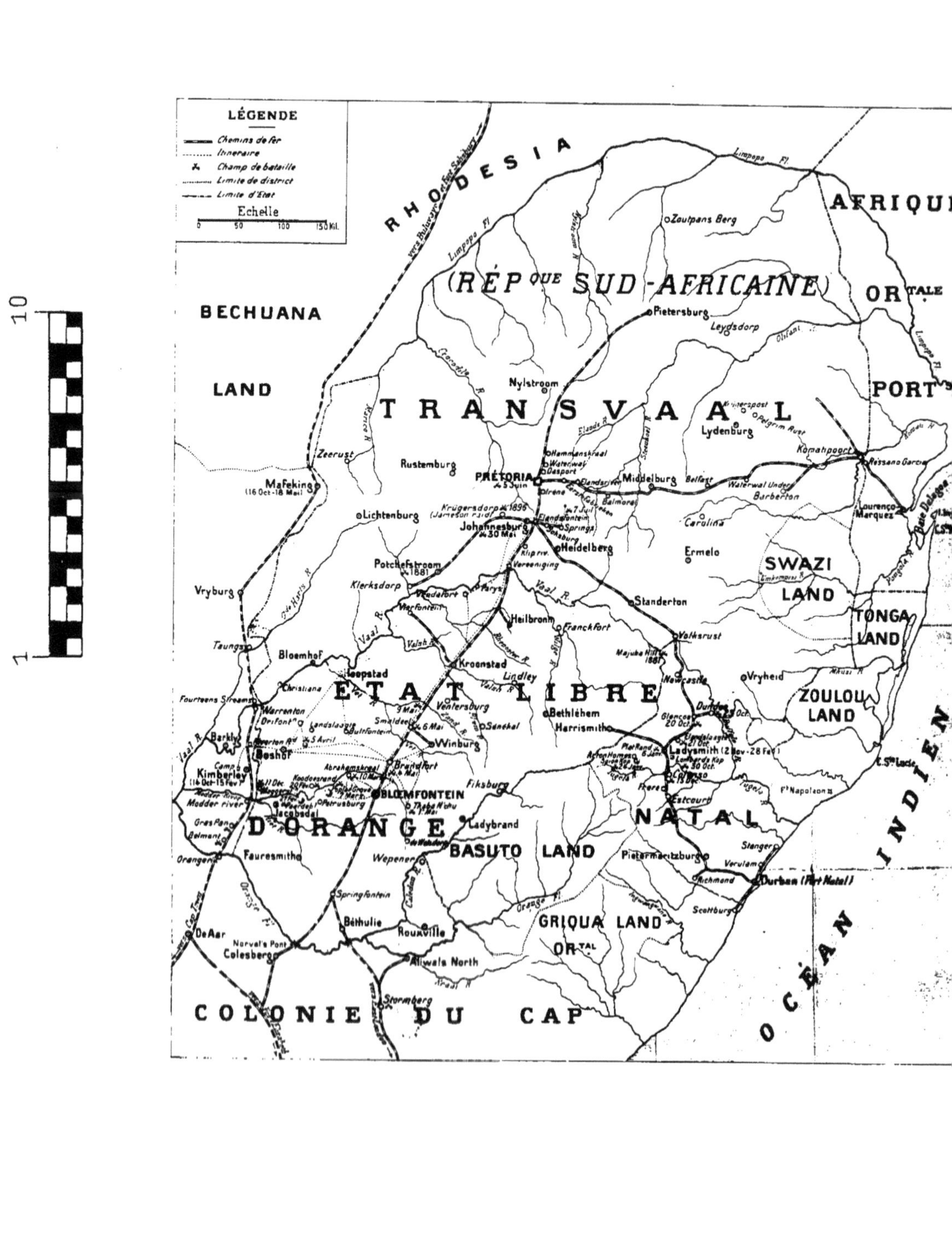

LÉGENDE
Chemins de fer
Itinéraire
Champ de bataille
Limite de district
Limite d'État
Echelle
0 50 100 150 Kil.
RHODESIA
BECHUANA
LAND
(RÉP QUE SUD-AFRICAINE)
TRANSVAAL
AFRIQU
OR TALE
PORT
Limpopo Fl.
Zoutpans Berg
Pietersburg
Leydsdorp
Nylstroom
Lydenburg
Zeerust
Rustemburg
PRÉTORIA
Mafeking
(16 Oct - 18 Mai)
Middelburg
Belfast
Waterval Under
Barberton
Komatipoort
Ressano Garcia
Lourenço Marquez
Lichtenburg
Krügersdorp 1896
Johannesburg
30 Mai
Springs
Heidelberg
Carolina
Ermelo
SWAZI
LAND
Potchefstroom
1881
Klerksdorp
Vereeniging
Vryburg
Vaal R.
Standerton
Heilbronn
Franckfort
Volksrust
Majuba Hill
1881
TONGA
LAND
Taungs
Bloemhof
Kroonstad
Lindley
Newcastle
Vryheid
Christiana
ÉTAT LIBRE
Dundee
ZOULOU
LAND
Fourteens Streams
Warrenton
Ventersburg
Bethléhem
Harrismith
Sénékal
Barkly
Winburg
Ladysmith (2 Nov - 28 Fev)
Boshof
Colenso
Kimberley
(16 Oct - 15 Fev)
Brandfort
BLOEMFONTEIN
Fiksburg
Estcourt
Modder river
Jacobsdal
Petrusburg
D'ORANGE
Ladybrand
NATAL
Belmont
Orange
Fauresmith
Wepener
BASUTO LAND
Pietermaritzburg
Stanger
Verulam
Richmond
Durban (Port Natal)
Springfontein
Scottburg
Béthulie
Rouxville
GRIQUA LAND
OR TAL
De Aar
Norval's Pont
Colesberg
Aliwals North
Stormberg
COLONIE DU CAP
OCÉAN INDIEN

www.ingramcontent.com/pod-product-compliance
Ingram Content Group UK Ltd.
Pitfield, Milton Keynes, MK11 3LW, UK
UKHW021852190726
13855UKWH00001B/271